EUROPAVERLAG

Hanel

HDL

August 2021

REINHARD MOHR

Deutschland zwischen Größenwahn und Selbstverleugnung

Warum es keine Mitte mehr gibt

EUROPAVERLAG

© 2021 Europa Verlag in der Europa Verlage GmbH München
Umschlaggestaltung: Hauptmann & Kompanie Werbeagentur, Zürich
Redaktion: Franz Leipold
Layout & Satz: Buchhaus Robert Gigler, München
Gesetzt aus der Minion Pro und der Bauer Bodoni
Druck und Bindung: Pustet, Regensburg
ISBN 978-3-95890-399-9

INHALT

»Sie sind wirklich die nettesten Leute mit einem großartigen Sinn für Humor und versuchen immer zu helfen. Nur zwei Stereotypen sind wahr: Die Deutschen lieben Pünktlichkeit und Regeln.«

Alexej Nawalny, 2021

»Was wird bloß aus unsern Träumen
In diesem zerrissnen Land
Die Wunden wollen nicht zugehn
Unter dem Dreckverband
Und was wird mit unseren Freunden
Und was noch aus dir, aus mir –
Ich möchte am liebsten weg sein
Und bleibe am liebsten hier
am liebsten hier.«

Wolf Biermann, 1976

VORWORT

Die Suche der Deutschen nach sich selbst, nach ihrer Identität, nach dem Woher und Wohin ist notorisch, geradezu sprichwörtlich.

In seinem Buch »Lauter letzte Tage« stellte der Autor Friedrich Sieburg, einst selbst vor extremistischen Anfechtungen nicht gefeit, 1961 fest, Deutschland schwanke stets *»zwischen Macht und Ohnmacht, zwischen Not und Überfluss, zwischen Übermut und Reue«* – *»Hochmut und Zerknirschung«* –, *»oft beiden Extremen zur gleichen Zeit hingegeben«*. So lebe *»es seit eh und je, niemals zu einer natürlichen Klarheit über sich selbst gelangend ...«*

Englands legendärer Premierminister Winston Churchill sah die Deutschen entweder »an der Gurgel« ihrer Feinde oder zu ihren Füßen. Unterwürfigkeit und Heldenmut, Kleingeistigkeit und Großmachtstreben, philosophische Grübelei und mörderische Effizienz – es gibt viele Aspekte jener deutschen Zerrissenheit, unter der schon Heinrich Heine und Kurt Tucholsky litten. »Deutschland, aber wo liegt es?«, fragte Friedrich Schiller 1796 in seinen »Xenien«. »Ich weiß das Land nicht zu finden. Wo das gelehrte beginnt, hört das politische auf.« Damals bestand das, was man im weitesten Sinne Deutschland nennen konnte, aus etwa 300 Königreichen, Fürstentümern, Kleinstaaten und Grafschaften, die lose miteinander verbunden waren, aber jeweils eigene Zölle erhoben und teils eigene Währungen hatten. Ein irrer Flickenteppich.

Die faustische Frage, was die Deutschen im Innersten zusammenhält, ist weltberühmt, aber bis heute unbeantwortet. Berüchtigt jene »Innerlichkeit«, für die es keine Übersetzung in andere Sprachen gibt. Begriffe wie Gemüt, wahre Empfindung und innere Natur gehören ebenso zu ihr wie der Luther'sche Protestantismus der einsamen Gewissenserforschung, der deutsche Idealismus, der mit seinem freien Ich eine ganze Welt erschaffen wollte, und das In-sich-gekehrt-Sein des romantischen Wanderers durch den dunklen Wald. »Ich weiß nicht, was soll es bedeuten, dass ich so traurig bin«, dichtete Heine, der doch eigentlich längst zum Pariser Weltbürger geworden war.

Immer noch und immer wieder kommt es zum letztlich ergebnislosen Streit über Begriffe wie Nation, Heimat und Leitkultur. Allenfalls dienen sie zur politischen Denunziation: Wer von Heimatgefühlen und deutscher Kulturgeschichte spricht, landet stracks im rechten Abseits. Und wer den Amtseid im Bundestag – »Ich schwöre, dass ich meine Kraft dem Wohle des deutschen Volkes widmen, seinen Nutzen mehren, Schaden von ihm wenden, das Grundgesetz und die Gesetze des Bundes wahren und verteidigen, meine Pflichten gewissenhaft erfüllen und Gerechtigkeit gegen jedermann üben werde« – auch auf die Beschaffung möglichst vieler Impfdosen bezieht, ist rasch ein »Impf-Nationalist«, wenn nicht gleich ein »Impf-Nazi«.

Es ist ein Phänomen: Trotz aller historischen Veränderungen, nach zwei Weltkriegen, deutscher Teilung, Europäischer Union, Mauerfall und Wiedervereinigung ist das Selbstbewusstsein der Deutschen, unter denen inzwischen ein gutes Viertel nichtdeutscher Herkunft lebt, immer noch von Extremen geprägt: einerseits diffus und unsicher, andererseits radikal und ideologisch. Die Corona-Krise hat diese Ausprägungen noch deutlicher hervortreten lassen. Die Talkshowgestützte Daueraufgeregtheit ist pandemisch geworden. Eine einigermaßen realistische Selbstwahrnehmung im globalen Kontext hat es erst recht umso schwerer in Zeiten, da die Skandalisierungs- und Empörungskultur des Internets und der Sozialen Medien, verstärkt durch »Cancel Culture«, »safe spaces« und politische Korrektheit, einseitige, vermeintlich einzig wahre Sichtweisen bis hin zu Verschwörungstheorien zu bestätigen scheinen. Vor lauter Rassismus, Sexismus, Rechtsextremismus und Nationalismus, inmitten all der »Lügenpresse«-Rufe und »Volkstod«-Prophezeiungen erkennt manch braver Bürger sein eigenes Land nicht wieder, die gute alte Bundesrepublik.

Linksaußen warnt die »Nie-wieder-Deutschland«-Fraktion vor dem ewigen Faschismus, rechtsaußen kämpfen »Reichsbürger« und Neonazis gegen »Volksverräter«, während die grüne Moralisten-Vereinigung überzeugt ist, dass »gerade wir« als geläuterte Deutsche berufen seien, die Welt zu retten. Motto: Nur ein schlechtes Gewissen ist ein gutes Gewissen.

Dazwischen treiben lose versprengte Zeitgenossen, denen entweder alles egal ist oder gar verachtenswert erscheint, Hauptsache, das WLAN funktioniert, und einzelne Individuen, die sich in ihre offenkundig anachronistisch gewordene spätbürgerliche Liberalität zurückziehen wie auf einen alten Fauteuil.

Die klassisch-bürgerliche Mitte, von mitterechts bis mittelinks, wirkt merkwürdig verloren, blass, konturlos und kraft-

los, auch ohne Ausstrahlungskraft und Selbstbewusstsein –
und das, obwohl sie seit 1945 für das erfolgreiche, weltweit
gefeierte »Modell Deutschland« steht, die Mischung aus frei-
heitlicher Demokratie und sozialer Marktwirtschaft. Selbst
Helmut Kohl erscheint im Rückblick wie ein Leuchtturm des
liberalen Konservativismus, an dem man sich wenigstens ab-
arbeiten konnte.

Auch die Spitzenkandidaten für die bevorstehende Bundes-
tagswahl verkörpern kaum noch glaubwürdig den politischen
Kern jenes bundesdeutschen Erfolgsmodells, dessen zeitge-
mäße Fortschreibung sie mit Optimismus in Angriff nehmen
könnten. Der linksgrün-postnationale Zeitgeist zwischen
Weltrettungs-Idealismus, inklusiver »Diversity« und Gender-
Mainstreaming, sorgsam eingebettet in einen Live-Ticker-
Katastrophismus, sorgt dafür, dass kritisch-pragmatische
Vernunft und politischer Realismus immer mehr in eine Min-
derheitenposition geraten. Selbst die Kunst muss nun »inklu-
siv« sein, wie die progressive Berliner »Kulturjournalistin«
Jenni Zylka jüngst dem ebenso progressiven *Radio 1* vom
ARD-Sender rbb in gender-gerechter Sprache anvertraute.
Alles andere sei elitär.

Welche seltsamen Blüten dieser neue, politisch korrekte
Wahn vor allem in der akademisch-kulturellen Sphäre treibt,
zeigt ein Beispiel von vielen, hier: ein offener Brief von »Kulturschaffenden« zur Ernennung eines neuen Kölner Schau-
spiel-Intendanten im Jahre 2023:

»Die Repräsentation von nicht-weiß positionierten Men-
schen, von mixed-abled Menschen, von Frauen*, trans*, inter*
und queeren Akteur*innen of Color ist, sowohl in Auswahlgre-
mien wie diesem als auch in den städtischen Kulturinstitutio-
nen, sehr wichtig. Eine weltoffene und tolerante Stadt, wie Köln

es ist, sollte ihrem Stadttheater eine multiperspektivische Fin-
dungskommission mit Diversitätskompetenz bieten.«

Um fachliche Qualitäten scheint es in diesem grotesken Kauderwelsch überhaupt nicht mehr zu gehen. Kündigt sich hier ein neuer Jakobinismus an, ein revolutionärer »Wohl-fahrtsausschuss«, der am Ende Köpfe rollen lässt, wenn auch nur mit der virtuellen Guillotine eines totalitären Ungeistes? Sind wir auf dem Weg zur Gaga-Republik?

Ob links-grün-queer oder querfront-esoterisch-rechtsradi-kal – die korrekte Aussprache des Gender-Sternchens bei der geschlechtergerechten Berufsbezeichnung »Schornsteinfeger* Pause*Innen« in der Talkshow von Anne Will oder die Frage, ob die Corona-Impfung eine »Gen-Spritze« sei, mit der Bill Gates die Weltbevölkerung per Bio-Chip steuern wolle, scheint wichtiger als unser Verhältnis zu den totalitären Weltmächten China und Russland, eine wirklich effiziente Klimastrategie oder eine vernünftige und nachhaltige (!) Flüchtlingspolitik, die die Interessen und die Integrationsfähigkeit unseres Landes mitbedenkt.

Für die bundesdeutsche Demokratie sind das alles durchaus bedrohliche Entwicklungen, denn ohne eine vernunftgeleitete Wahrnehmung der Wirklichkeit, ohne den rationalen gesell-schaftlichen Diskurs »transsubjektiver Geltungsansprüche«, wie das Jürgen Habermas einst unnachahmlich formulierte, verliert sie ihr Fundament. Das berühmte Wort des Rechtsphi-losophen Ernst-Wolfgang Böckenförde aus dem Jahre 1967 – »Der freiheitliche, säkularisierte Staat lebt von Vorausset-zungen, die er selbst nicht garantieren kann« – ist hochaktuell, denn zu den wichtigsten Voraussetzungen einer gefestigten Demokratie gehört das Bewusstsein ihrer Kostbarkeit und die Bereitschaft, sie im Großen wie im Kleinen zu verteidigen. Es muss ja nicht gleich die »Wiedererfindung der Nation« sein, wie die Kulturwissenschaftlerin Aleida Assmann vorschlägt. Ein republikanisches Selbstbewusstsein, zu dem auch Stolz gehört, wäre schon sehr erstrebenswert.

Warum es daran offensichtlich immer noch mangelt, und das nach 75 Jahren insgesamt erfolgreicher demokratischer Entwicklung, soll Gegenstand dieses Buches sein. Angesichts der bevorstehenden Bundestagswahl ist die Frage nach der Zukunft der politischen Mitte dringlicher denn je.

Im Mai 2021
Reinhard Mohr

1. KAPITEL

DAS DEUTSCHE SELBSTBILD – ZERRISSEN WIE EH UND JE

Eine kleine Typologie des »Deutschlandgefühls«

Allen Meinungsumfragen, Sozialstudien, repräsentativen Stimmungserkundungen und raffinierten Algorithmen zum Trotz bleibt das Volk ein ewiges Rätsel. Seine wirklichen Gefühle und Ansichten sind schwer zu ergründen. Nicht selten sind sie widersprüchlich, inkonsequent, von den Wechselfällen des Zeitgeists geprägt.

Wie aus dem Nichts entstehen Umschwünge, ja revolutionäre Situationen. Berühmtes Beispiel: Frankreich im März 1968. Ein Leitartikler der führenden linksliberalen Zeitung *Le Monde* mokierte sich über die »Langeweile« der französischen Gesellschaft im zehnten Jahr der Präsidentschaft von General de Gaulle. Wenige Wochen später brach eine große Studentenrevolte los, die die Republik erschütterte. Der Fall der Berliner Mauer war ebenso wenig vorausgesehen worden wie der Aufstand in der arabischen Welt vor zehn Jahren. Dass ein geistesgestörter Narzisst mit Millionen fanatischer Anhänger US-Präsident werden konnte und bei seinem Abgang die größte Demokratie der Erde beinah an den Rand eines Staatsstreichs manövrierte, stand in keiner Zukunftsprognose der üblichen Experten. Auch der Einzug einer in Teilen rechtsextremistischen Partei in den Deutschen Bundestag, gar noch als stärkste Oppositionsfraktion, war noch vor wenigen Jahren undenkbar.

Doch das Volk, die Bürgerinnen und Bürger aller Geschlechtsidentitäten, Bundesländer und Weinanbaugebiete sind nicht nur im Großen, sondern auch im Kleinen unberechenbar. Wer etwa mit einem Moselwinzer oder einer Edeka-Kassiererin spricht, erhält einen völlig anderen Eindruck vom Alltag in Deutschland als in Edel-Restaurants des Berliner Regierungsviertels, wo die eingeschriebenen Mitglieder des politisch-medialen Komplexes ständig an der Welterklärungsschraube drehen und doch kaum eine Ahnung vom Leben »draußen im Lande« haben.

Die fortgeschrittene Differenzierung und Abschottung der sozialen Sphären, kulturell-religiösen Parallelgesellschaften und ideologischen Blasen, die sich allzu oft selbst genügen – »die Gesellschaft der Singularitäten« (Andreas Reckwitz) –, ändern aber nichts daran, dass die politische, großenteils medial vermittelte Willensbildung immer noch entlang einigermaßen überschaubarer Linien verläuft. So lässt sich das Spektrum der politischen Überzeugungen wie in einem *Cluster*-Modell beschreiben, sortiert nach groben ideologischen, womöglich mehrheitsfähigen Orientierungen, wie sie einst die alten Volksparteien charakterisierte. »Weltanschauung« nannte man das früher. Denn der notorische Trend zu Individualisierung, Selbstverwirklichung und Selbstinszenierung mit »Follower«-Potenzial produziert zugleich eine wachsende Sehnsucht nach wärmender Gruppenzugehörigkeit und einer quasireligiösen Gesinnungsgemeinschaft, den Wunsch, wichtig zu sein und ernst genommen, geliebt oder wenigstens gefürchtet zu werden.

Deshalb lässt sich trotz aller Einschränkungen eine kleine, pointierte Typologie des »Deutschlandgefühls« entwerfen, ein aktuelles Panorama deutschen Selbstbewusstseins, das sich ganz offensichtlich von jenem Bild unterscheidet, das sich vor fünfzig Jahren bot, zu Zeiten der Kanzlerschaft Willy Brandts. Seine Parole auf dem SPD-Wahlkampfplakat von 1972 – »Deutsche, wir können stolz sein auf unser Land« – würde nicht nur Caren Miosga von den *Tagesthemen* heute umstandslos der rechten AfD zuordnen, nicht ohne die dunkle Mahnung auszusprechen, nun sei der Rechtsradikalismus auch in der Mitte der Gesellschaft angekommen.

»Je länger das Dritte Reich zurückliegt, desto mehr nimmt der Widerstand gegen Hitler und die Seinen zu« – dieses Wort des Publizisten Johannes Gross traf vor vielen Jahren schon zu, heute ist es wahrer denn je. Die Zahl der »Nazis« in Deutschland, gegen die sich der »antifaschistische Kampf« richtet, scheint unaufhörlich zu wachsen. Die Mühe, wenigstens das Präfix »Neo« zu verwenden, macht man sich meist nicht. Ob Joseph Goebbels oder Jens-Torben aus Stadtroda – »der Schoß ist fruchtbar noch«, wie Bertolt Brecht prophezeite. Ein wenig ähneln die »Nazi«-Rufe, mit denen inzwischen selbst Flüchtlinge und Migranten bedacht werden, deren Ansichten nicht ins Antifa-Schema passen, jenen Beschimpfungen, die in den Sechzigerjahren des vergangenen Jahrhunderts die »Gammler«, »Hippies« und »langhaarigen Affen« der Protestgeneration trafen.

>>> <<<

Lautstark und vorwiegend in Schwarz präsentiert sich diese »Nie-wieder-Deutschland!«-Fraktion, die schon gleich nach dem Fall der Berliner Mauer ein »Viertes Reich« hervorkriechen sah, einen neuen alten Faschismus mit nationalistischen, preußisch-nazistischen Großmachtambitionen. »Deutschland verrecke!«, »Deutschland, halt's Maul!« und »Deutschland, Du mieses Stück Scheiße!« – so lauten ausdrucksstarke Zuspitzungen dieses linksradikal-antifaschistischen Gemütszustands, der sich im rot-rot-grün regierten Berlin am wohlsten fühlt. Versteht sich: Der antifaschistische Widerstand braucht ein angenehmes Unterstützer-Umfeld. In diesem Milieu ist die schwarz-rot-goldene Fahne der deutschen Demokratiebewegung zwischen 1830 und 1848 eine Art Nazi-Symbol, weil einfach alles, was nicht explizit links ist, Nazi ist. Und weil Nazi von Nation kommt. Woher sonst? Wer weiß schon, was das Hambacher Fest von 1832 war, die Märzrevolution 1848 und die darauffolgende Nationalversammlung in der Frankfurter Paulskirche?

Der Jurastudent Bengt Rüstemeier, Mitglied im Akademischen Senat der Berliner Humboldt-Universität und stellvertretender Vorsitzender der Jusos im Bezirk Pankow, hatte sich bei Twitter für das Motto »Deutschland muss sterben« entschieden, Titel eines Songs der Hamburger Punkrock-Band Slime. Als der junge Mann unlängst durch öffentlich verbreitete Erschießungsfantasien gegenüber Vermietern und Jungliberalen auffiel, musste er immerhin sein Amt bei den Jusos aufgeben.

Allerdings gibt es auch unter den Gebildeteren, unter linken und linksliberalen Intellektuellen, ein Deutschland-Bild, das voller Ressentiments, uneingestandener Zwiespältigkeiten und Verdrucerstheiten steckt. In den historischen Jahren 1989/1990 offenbarten auch Geistesgrößen wie Jürgen Habermas, Günter Grass und Walter Jens ein merkwürdiges Verhältnis zur deutschen Geschichte, die gerade im Begriff war, einen selten glücklichen Moment der Freiheit zu erleben. Da war vom Sieg des »D-Mark-Imperialismus« die Rede, von einer »Treibjagd« auf Andersdenkende, einem »postmodernen McCarthyismus« und »Hinrichtungsvorbereitungen« gegenüber Stasi-Offizieren und sogenannten »IMs« – und vom neokolonialistischen »Anschluss« der DDR, ganz so, als sei ein neuer Hitler in die Ostmark einmarschiert.

Auch in den Augen der besseren Kreise schien mit der Wiedervereinigung ein neuer Faschismus anzubrechen. Am hemmungslosesten formulierte das der DDR-Dramatiker Heiner Müller: »Auschwitz ist der Altar des Kapitalismus«,

21

gab er in einem Interview mit der Zeitschrift *Transatlantik* zum Besten. Nach dem Fall der schützenden Berliner »Zeitmauer« sei »der Mensch der Maschinenwelt schutzlos ausgeliefert«. Man verstand: dem florierenden westdeutschen Ausbeutersystem. Kurios nur, dass Millionen DDR-Bürger genau dorthin wollten.

Bis heute wird dieser negative Nationalismus sorgsam gehütet, der seine ebenso verklemmte wie hasserfüllte Deutschland-Fixierung hinter den Parolen linker Systemkritik notdürftig zu verbergen sucht. Thilo Sarrazins buchdicker Weckruf »Deutschland schafft sich ab« ist vielen eine glückliche Vorstellung und die Warnung rechtsradikaler Gruppen vor dem deutschen »Volkstod« durch Masseneinwanderung eine konkrete Utopie.

Die radikale Parole »No borders, no nations« zielt zwar auf die wunderbare grenzenlose Welt, auf das Recht jedes Erdenbürgers, zu leben, wo er will, also auch auf die Pflicht zur unbegrenzten Aufnahme von Flüchtlingen, aber im Kern geht es doch immer wieder um Deutschland. »Liebe Ausländer, lasst uns mit den Deutschen nicht allein!« So lautet der einschlägige Hilferuf verzweifelter Inländer seit Jahrzehnten, den es bis heute als Postkarte, T-Shirt und Button gibt, unter anderem bei *linke-t-shirts.de.*

Auch wenn Millionen Migranten den Ruf längst gehört haben und ihm gefolgt sind, bleibt im »Fuck-you-Germany!«-Milieu das zeitlose Genre-Bild bestehen, auf dem die letzten Alt-Nazis bei der Sommersonnwendfeier in Friedrichswalde auf Jung-Faschos und paarungsbereite, blondbezopfte deutsche Mädels treffen, während Großkonzerne die Menschen in der »Dritten Welt« ausbeuten und das Klima ruinieren.

Es ist eine verzerrte, reaktionäre, im Wortsinn rückwärtsgewandte Sicht auf Deutschland anno 2021, ein Gruselkabinett verstaubter Wachsfiguren, in dem die gesellschaftlichen Veränderungen der letzten fünfzig Jahre praktisch nicht vorkommen. Dass in fast allen Großstädten rund die Hälfte aller Einwohner längst einen sogenannten »Migrationshintergrund« haben, wird ebenso wenig wahrgenommen wie drängende Integrationsprobleme und akute Bedrohungen durch eingewanderte islamistische Milieus.

Immer noch hockt man in den ideologischen Schützengräben vergangener Zeiten und spielt noch einmal die Klassenkämpfe der Weimarer Republik nach – diesmal als peinliche Farce. Völlig schräg zur Wirklichkeit, in der die Grünen weithin den Zeitgeist dominieren und nebenbei auch den alten Ruhrpott-Malocher gendergerecht in die Duden-kompatible Spezies der »Arbeitnehmenden« eingereiht haben, ignoriert man die »Bewegungsgesetze der Geschichte«, die sonst stets zur »Umwälzung der Verhältnisse« herbeizitiert werden. Kein Wunder, dass in der Antifa-Fraktion jener offenkundige Selbstwiderspruch gar nicht bemerkt wird: Ausgerechnet in dieses »faschistoide« Deutschland lädt man Millionen »Geflüchtete« ein.

Oder steckt darin doch eine vertrackte dialektische Logik: Genau diejenigen Migranten, die aus Afghanistan, Syrien und afrikanischen Despotien geflohen sind, sollen uns die lang ersehnte Revolution bringen, die Befreiung aus der globalkapitalistischen Knechtschaft? Sind sie womöglich das neue »revolutionäre Subjekt«, nach dem die deutsche Linke seit je fahndet? Das wäre eine späte, fast hegelianische List der europäischen Kolonialgeschichte: die Nachkommen der einst Unterdrückten, die »Verdammten dieser Erde« (Frantz Fanon), bringen ihren Peinigern die Freiheit zurück, die sie ihren Vorfahren einst geraubt haben. Was hier anklingt, ist das

Metathema des deutschen Selbstbewusstseins überhaupt: Schuldbewusstsein, Vergangenheitsbewältigung und Wiedergutmachung.

>>> <<<

Damit hat die »Deutschland-Deutschland-über-alles«-Fraktion, die von Teilen der AfD bis zu neonazistischen Gruppen reicht, allerdings überhaupt nichts zu tun. Ihr ungebrochenes Verhältnis zur jüngeren deutschen Geschichte lässt Schuldgefühle erst gar nicht zu, allenfalls eine gewisse Verlegenheit, wenn es um den Völkermord an den Juden geht. Nicht jeder will den Holocaust rundheraus leugnen. Deshalb umschifft man das Thema, so gut es geht, rückt es an den Rand, relativiert, beschönigt und verweist auf die Schuld der anderen. Alexander Gaulands Bemerkung über den quantitativen »Vogelschiss« der zwölf Nazi-Jahre war symptomatisch. Der Rest, also alles andere, ist Stolz auf Nation und Vaterland und Wut auf all die »Volksverräter«, die an die angeblichen »Novemberverbrecher« und »Novemberlumpen« nach der deutschen Niederlage im Ersten Weltkrieg 1918 erinnern.

Für die Jüngeren: Damals konstruierten kaisertreue und deutschnational-rechtsextreme Kreise eine »Dolchstoßlegende«, der zufolge die Armee des Kaisers »im Felde ungeschlagen« gewesen sei und nur wegen der sogenannten »Novemberrevolution« linker Aufständischer kapitulieren musste. Im gesamten Verlauf der Weimarer Republik stützten sich die antidemokratischen Kräfte von rechts, allen voran Adolf Hitler, auf diese monströse Lüge, die durchaus Parallelen zu den »Fake News« aufweist, die ein ehemaliger US-Präsident unentwegt produziert hat.

Apropos: Dass kaugummikauende Soldaten aus dem fernen Amerika, darunter Schwarze aus den Südstaaten, die damals noch »Neger« genannt wurden, die große Kulturnation Deutschland – Goethe, Schiller, Beethoven – von einer ruchlosen Verbrecherbande befreit haben, wirkt als tiefe Kränkung des Herrenmenschentums bis heute nach. Umso absurder erscheinen die Aufzüge echter Neonazis, die tatsächlich die Ideologie des Nationalsozialismus predigen, als habe er nach all den Verbrechen an der Menschlichkeit nicht auch noch eine derart schmachvolle Niederlage erlitten, dass jeder Versuch einer Wiedererweckung nur unter Missachtung aller Tugenden vonstattengehen kann, über die ein Mensch verfügt, allen voran Verstand und Moral.

Diese kostbaren Güter fehlen auch jenen bewaffneten »Reichsbürgern«, die die Bundesrepublik zu einer illegalen, wahrscheinlich jüdischen Firma mit Sitz in Illinois erklären, ebenso Antisemiten, Querfrontler, radikalisierte Heilpraktikerinnen ohne Geschichtskenntnisse und Pegida-Anhänger, die Angela Merkel für ein geheimdienstliches Instrument deutscher Selbstzerstörung halten. Der Zivilisationsbruch von Auschwitz ist für viele eine Erfindung der Alliierten, und Hitler lebt, jedenfalls in jenen Köpfen, in denen die arische Rasse des Germanentums verzweifelt ums Überleben kämpft. Auch ihre Fahne ist eben nicht das Schwarzrotgold des Hambacher Festes von 1832, sondern die wilhelminische Reichskriegsflagge, deren Nachfolge 1935 für zehn Jahre die Hakenkreuzfahne antrat. Deutschland – das ist für die Rechtsextremisten eine imaginierte Melange aus Kaiser Wilhelm, Führer und Volkssturm unter den Klängen der Band »Stahlgewitter«. Die Gegenwart von 2021 ist da nur eine Schimäre.

Schlimmer noch, wie die Corona-Krise gezeigt hat: Sie ist

der Feind, der das eigene Leben bedroht, die Existenz des deutschen Volkes, das unter die Impf-Knute von Bill Gates & Co. gezwungen wird. Die Bundesrepublik erscheint da wie ein besetztes Territorium, das von bösen Mächten beherrscht wird. Typisch sind antisemitische und antiamerikanische Ressentiments, die dem Antikapitalismus des »linken« nationalsozialistischen Flügels des langjährigen Hitler-Weggefährten Gregor Strasser ähneln, der 1934 beim sogenannten »Röhm-Putsch« der mörderischen parteiinternen Säuberung zum Opfer fiel. Dass der einstige US-Präsident Trump auch in Deutschland zum Hausgott dieser antidemokratischen Protestbewegung wurde, den man beim versuchten »Sturm auf den Reichstag« schon im Landeanflug wähnte, verdeutlicht den Kern der gemeinsamen Weltsicht: wahnhafte Realitätsflucht.

Auf spektakuläre Weise symptomatisch für dieses Milieu, das nicht neonazistisch, sondern scheinbar cool und weltläufig auftritt, ist Jürgen Elsässer, ein ehemals linker Journalist (Konkret, Junge Welt, Neues Deutschland), der mit seiner 2010 gegründeten Zeitschrift Compact nun im rechten Spektrum seinen Platz gefunden hat. Sein Deutschland-Bild ist düster. Überall sieht er eine grassierende »Selbsterniedrigung im Zeichen des Antirassismus«, ja einen Kulturkampf »gegen Christen und Weiße«, während die deutsche Industrie wegen der offiziellen Klima- und Umweltschutzpolitik den »Marsch in den Untergang« angetreten habe. Hinter all dem soll die globale »Hochfinanz« stecken, deren Marionetten jene Politiker seien, die sich ihrerseits gegen die Interessen des deutschen Volkes verschworen hätten. Vom einstigen Mitglied des »Kommunistischen Bundes« (KB) hört man Sätze, die inzwischen auch bei vielen gestandenen Bürgern und Bürgerinnen auf Zustimmung stoßen: »Wir leben in einer Bananenrepublik. Die

Mutti an unserer Spitze leckt die Stiefel – oder Schlimmeres – fremder Despoten.« Deutschland als besetztes Land – dieser rechtsradikale Topos zieht bis heute immer wieder neue Anhänger an.

In einer Analyse des Berliner »Zentrums liberale Moderne« heißt es lapidar: »Hinter sämtlichen politischen Debatten, ökonomischen Entwicklungen oder kulturellen Phänomenen wird ein System, ein sinisterer Plan vermutet. Demokratische Institutionen erscheinen als Attrappen. Das Mächtige wird personalisiert, mal in einer ›Israel-Lobby‹ hinter der US-Regierung, mal in als jüdisch markierten Banken. Stets wird die Existenz einer kleinen Gruppe, einer unfassbaren Macht, benannt, welche die Geschicke der Welt zu ihren Gunsten lenke.«

Wie vor hundert Jahren, zu Zeiten des Versailler Vertrags, scheint Deutschland in der Rolle des Opfers feindlicher Mächte gefangen, die ihre niederträchtigen Ziele zu verbergen suchen. Ein klassisches Motiv dieser Rhetorik ist die vermeintliche Instrumentalisierung des Holocaust durch finstere Kräfte, von der New Yorker Wall Street bis nach Jerusalem. Diese »Schuldkultur« des Gedenkens, die das deutsche Volk gleichsam in ewiger moralischer Knechtschaft halten solle, müsse ein für alle Mal durchbrochen werden.

In dieser Logik argumentiert auch der Frontmann des rechten AFD-Flügels, Björn Höcke, wenn er den historischen Umschlag vom Opferstatus zur aktiven Täterschaft ankündigt: »Ein paar Korrekturen und Reförmchen werden nicht ausreichen, aber die deutsche Unbedingtheit wird der Garant dafür sein, dass wir die Sache gründlich und grundsätzlich anpacken werden. Wenn einmal die Wendezeit gekommen ist, dann machen wir Deutschen keine halben Sachen, dann werden die Schutthalden der Moderne beseitigt.«

Keine halben Sachen machen, gründlich aufräumen, Trümmer und Schutt beseitigen – das ist der gute alte Markenkern des Germanentums, wie es Deutschnationale immer schon verstanden haben. Wo gehobelt wird, da fallen Späne. Bloß keine falschen Rücksichten nehmen. Toleranz ist Schwäche.

In seiner Dresdner Rede vor Mitgliedern der Jungen Alternative 2017 verwendete Höcke unter frenetischem Beifall noch ein ganz anderes Bild, um die Lage der Nation zu beschreiben. All die feindlichen Mächte, so sagte er, »lösen unser liebes deutsches Vaterland auf wie ein Stück Seife unter einem lauwarmen Wasserstrahl. Aber wir, liebe Freunde, wir Patrioten werden diesen Wasserstrahl jetzt zudrehen, wir werden uns unser Deutschland Stück für Stück zurückholen!« Und er setzte hinzu: »Liebe Freunde, ich habe es immer wieder betont, ich habe es immer wieder gepredigt, und ich tu es auch heute wiederum, weil es so wichtig ist: Die AfD ist die letzte evolutionäre, sie ist die letzte friedliche Chance für unser Vaterland.«

Es fällt auf, dass in dieser Wahrnehmung des eigenen Landes die so missachtete Gegenwart als reine Verfallsgeschichte gesehen wird, als Verhängnis des Augenblicks, dem nur eine Rettungsmöglichkeit innewohnt: zurück in die traute Vergangenheit. Eine Perspektive, die sich geradezu spiegelbildlich zu den linken und linksradikalen Antipoden verhält, die nur die Flucht in eine lichte Zukunft, eine revolutionäre Utopie kennen, bei deren Verwirklichung ebenfalls jede Menge Schutt des »Alten« und »Verkommenen« wegzuräumen wäre.

>>> <<<

Auch die 1980 gegründeten Grünen traten mit der apokalyptischen Rhetorik vom nahenden Atomtod und von verstrahlten

»Altparteien« ihren Siegeszug an. »Wir sind die Alternative zu den herkömmlichen Parteien«, stand voll stolzer Selbstgewissheit in der Präambel ihres ersten Grundsatzprogramms. Ein Satz, der heute der AfD zugeschrieben würde. So ändern sich die Zeiten. Längst sind die Grünen zur beinah alternativlosen Staatspartei geworden, die den politisch-medialen Mainstream prägt. Aus der einstigen Protestgeneration hat sich ein neues Bürgertum deutlich links der Mitte entwickelt, das mit seiner Zukunftsvorstellung einer vollends emanzipierten, geschlechtergerechten, moralisch achtsamen und CO_2-freien Co-Working-Gesellschaft das säkulare Fortschritts-Versprechen der Sozialdemokraten übernommen hat. Politisch, gesellschaftlich und kulturell bilden die Grünen – und nicht mehr die SPD – den großen Gegenpol zu AfD, Pegida & Co., jenem neuen gesellschaftskritischen Protest, der jetzt von rechts kommt.

Nur logisch, dass diese linksgrün-protestantisch geprägte »Gerade-Wir«-Fraktion mit Macht gegen alles vorgeht, was als rechts gilt. Mehr noch: Der Kampf gegen rechts ist der dominierende Konsens in Gesellschaft, Politik und Medien geworden. Die stärkste Waffe dabei ist die Überzeugung, dass »gerade« Deutschland mit seiner unseligen Geschichte der Welt moralisch vorangehen müsse – sei es bei der Rettung des Klimas, in der Flüchtlingskrise oder beim Kampf gegen Rassismus. Zugespitzt formuliert: Die Enkelkinder der Massenmörder, die Rechtsnachfolger jenes »Dritten Reiches«, das ein monströses Menschheitsverbrechen begangen hat, sind am besten geeignet, nun das radikal Gute zu tun. Schuldbewusstsein, Sühne und tätige Rehabilitation gehen dabei Hand in Hand, selbst wenn es um den Ausbau der Windkraft in deutschen Mittelgebirgen oder einen fleischlosen Montag geht.

So liegt die Bringschuld stets »bei uns«. Auf das gute, also schlechte Gewissen kommt es an. Gesinnungsethik ist Trumpf, und der Ausruf »Schande!« liegt bei jeder passenden Gelegenheit so nah, wie das Elend der Welt unübersehbar ist. Die klassische Sonntagspredigt zur Verteidigung des Wahren, Schönen, Guten, wie sie einst vom Pfarrer der Gemeinde zur Preisung der Herrlichkeit des Herrn zu hören war, halten nun auch werktags die protestantischen Moralisten der klimaneutralen, verkehrs- wie gendergerechten und regionaltypischen Nachhaltigkeit.

Die Verantwortungsethik Max Webers dagegen atmet den Geist des Zynischen, Machbaren und »bloß« Pragmatischen. Der »Eiserne Kanzler« Helmut Schmidt, der beim Auftreten etwaiger politischer »Visionen« zum Besuch beim Augenarzt riet, hat den Begriff gern verwendet. Damit ist er moralisch verbrannt. Mit ihm verschwand zugleich ein einigermaßen realistischer Blick auf Deutschland, ein nüchternes Abwägen unterschiedlicher Aspekte, darunter auch der Blick auf ein wohlverstandenes nationales Eigeninteresse. Auf dem Höhepunkt der ostentativ altruistischen »Willkommenskultur« im Spätsommer 2015 spielte all das jedoch keine Rolle: »Germany, Germany, we want to go to Germany!« klang es rund ums Mittelmeer, wenn Flüchtlinge und Migranten aller Herren Länder ihr Ziel benennen sollten: Auf zu »Mama Merkel«. Bis heute scheint der Sehnsuchtsort namens Europa für viele praktisch nur aus Deutschland zu bestehen, von Teilen Österreichs, Hollands und Dänemarks abgesehen.

Der »Gerade-Wir«-Fraktion allerdings fällt dieser bemerkenswerte Umstand, der womöglich den einen oder anderen Gedanken über die Vorzüge des eigenen Landes anregen könnte, gar nicht auf: Millionen Menschen drängen auf der Suche nach einem besseren Leben in dieses postnazistische, »strukturell rassistische« Land – wie geht das zusammen? Nicht einmal Claus Kleber, der allwissende Anchorman des ZDF-*heute journals*, könnte diese Frage schnurgerade beantworten.

Ein eher verborgenes Motiv dieser kontrafaktischen Doppel-Logik mag darin liegen, dass die Figur des Migranten als der bzw. die große Andere wahrgenommen wird, gleichsam als ein »Geschenk«, wie die grüne Fraktionsvorsitzende im Bundestag Katrin Göring-Eckardt es ausdrückte. Der »Geflüchtete« ist, ähnlich wie in der Wahrnehmung der »Nie-wieder-Deutschland«-Fraktion, der Antideutsche schlechthin, der Anti-Spießer, Feind aller Gartenzwerge und Zigeunerschnitzel, eine exotische Projektionsfläche des antirassistischen Kampfes. Nicht zuletzt: die romantische Erinnerung an multikulturelle Utopien der Achtzigerjahre, die im grau-grünen Partei-Alltag der angehenden Regierungspartei kaum noch eine Rolle spielen.

Dazu kommt ein Zeitgeist-Phänomen, das die *Tagesspiegel*-Redakteurin Fatina Keilani so beschreibt: »Aus der Mission ›Rassismus bekämpfen‹ haben einige Debattenteilnehmer zudem inzwischen ein privates Geschäftsmodell gemacht: sei es als Buchautorin, Ex-Journalist und Buchautor, Talkshow-Dauergast oder twitternde Vierfachmutter … Es ist ihr Tagesgeschäft – das Anprangern ihrer Benachteiligung, das gezielte Suchen nach Belegen für allgegenwärtigen Rassismus, und wenn es nur so ist, dass jemand etwas zu ihren Haaren gesagt hat.« Der anschließende »Shitstorm« gegen die Autorin, deren Vater Jordanier ist, brandmarkte sie, was sonst, umgehend als »Rassistin«.

Die Autorin Sara Rukaj immerhin sprang ihr bei: »Das Konzept ›Ich jammere, also bin ich‹, schrieb sie in der *Welt*, »lässt sich flexibel auf feministische wie migrantische Kontexte anwenden. Seinen Vertretern wie Sophie Passmann oder Margarete Stokowski, die sich als gesamtideelle Diskriminierungsbeauftragte präsentieren, bietet es den Vorteil, frei von schriftstellerischem Können lukrative Buchverträge abzuschließen.«

Bei alldem geht es immer auch um eine symbolische Besetzung von Themen, um die Erringung der Diskurshegemonie – mit einem modischen Anglizismus formuliert: um das »Framing«, also um den Bedeutungsrahmen, innerhalb dessen ein Geschehen interpretiert wird. Ein Erklärungsmuster, das eine plausible Geschichte zuallererst moralisch aufwertet und andere abwertet. Ein Narrativ, eine schöne Story, die gut ausgeht. Jedenfalls für den, der daran glaubt.

»Unser Land wird sich ändern, und zwar drastisch. Und ich sag euch eins: Ich freu mich drauf«, bekannte Katrin Göring-Eckardt, langjähriges Mitglied im Präsidiumsvorstand des Deutschen Evangelischen Kirchentages, auf einem Parteitag 2015, mitten in der Flüchtlingswelle. Dass Kriegs- und Armutsflüchtlinge als ein Präsent für die europäischen Wohlstandsgesellschaften betrachtet werden, könnte man durchaus als ziemlich durchsichtige politische Instrumentalisierung der Migranten bezeichnen, ja, sogar als einen unterschwelligen Salon-Rassismus im wärmenden Licht des moralischen Wohlgefühls. Das aber fiel im Jubel der grünen Selbstfeier kaum jemandem auf.

Viele Wurzeln dieses merkwürdig verkrampften Verhältnisses zum eigenen Land liegen in den 1970er-Jahren. Für die linksökologisch-alternative Szene, aus der die Gründungsmütter und -väter der Grünen größtenteils stammen, gab es kein Deutschland, sondern nur die »BRD«. »Deutschland«, das klang nach Vaterland, Nation und Nationalsozialismus, war also anachronistisch und komplett kontaminiert. So »toxisch«

wie der berüchtigte alte weiße Mann, Überbleibsel des reaktionär-ethnozentrischen Patriarchats, der einen »Browser« für eine Handdusche und »Transphobie« für einen Begriff aus der Elektrotechnik hält.

BRD war schön abstrakt, beinah aseptisch, klinisch rein, so wie DDR und EWG – Symbol einer neuen Sachlichkeit, die keinerlei Gefühle aufkommen lassen wollte, schon gar keinen Patriotismus. Ein ahistorisches Gebilde eben, ein Hybrid, eine postnazistische Rumpfrepublik. Nachkriegsspötter nannten die verbliebenen deutschen Gebiete im Trümmerland einst sarkastisch »Trizonesien« – ein exotischer Flickenteppich, zusammengestückelt aus den drei Besatzungszonen der West-Alliierten USA, England und Frankreich.

Wenn die Töchter und Söhne der einstigen Wehrmachtssoldaten, unfreiwillige Erben der europäischen Großkatastrophe, in den 1970er-Jahren durch Frankreich oder Italien trampten oder im VW Bulli Rom, Barcelona und Paris erkundeten, wurde die heimliche Sehnsucht auf durchaus schmerzhafte Weise belebt, die historisch so belastete Nationalität – da dann doch! – einfach abzuschütteln und Italienerin oder Franzose zu werden. Statt deutscher Leberwurst gab es Paté, Pasta statt Birkel-Eiernudeln und Grappa statt Korn. »Sich durch Lebensart entdeutschen«, nannte das der Autor Peter Richter. Gerne auch mit der Gauloise im Mundwinkel.

So war es kein Wunder, dass die Grünen dieser Generation im Wiedervereinigungs- und Wahljahr 1990 kein Verhältnis und keine Worte zum revolutionären Geschehen fanden, bei dem es um mehr ging als um den staats- und verfassungsrechtlichen Beitritt der DDR zur BRD per »Grundlagenvertrag« – sondern tatsächlich um Deutschland und seine Geschichte seit der Revolution von 1848. Obwohl Spitzengrüne wie Petra

Kelly, Eva Quistorp und Lukas Beckmann die Bürgerrechtler in der DDR immer unterstützt hatten, gelang es der damals gerade zehn Jahre bestehenden Protestpartei nicht, eine durchweg positive Haltung zu dieser so unerwarteten historischen Umwälzung zu finden.

Der Historiker Heinrich August Winkler, Autor eines Standardwerks über Deutschlands »langen Weg nach Westen«, sprach von einem »postklassischen demokratischen Nationalstaat unter anderen«, der nun entstanden sei, eingebettet in die Europäische Union, unterstützt von allen ehemaligen Alliierten des Zweiten Weltkriegs. In einem Wort: Die Wiederkehr der »nationalen Frage« in dem Augenblick, da sie auf friedliche Weise gelöst wurde, hatte die Öko-Partei auf dem falschen Fuß erwischt.

Sie setzte damals schon – im Wege einer klassischen Übersprungshandlung – auf die Flucht nach vorn, auf das Klima von morgen und übermorgen. In einem ziemlich grotesken Wahlwerbespot von 1990 erscheint Deutschland als eine einzige Giftmülldeponie, als ökologisches Katastrophengebiet und soziales Elendsquartier, das allein die unwiderstehliche Kraft der Sonnenblume zu neuem Leben erwecken kann. Kein Wort über die historische Umwälzung. Das Ergebnis war niederschmetternd: Mit 3,8 Prozent der Stimmen verfehlten die West-Grünen deutlich die Fünf-Prozent-Hürde. Immerhin saßen dafür acht ostdeutsche Mitglieder von »Bündnis 90« im Bundestag – dank einer einmaligen Sonderregelung.

Drei Jahrzehnte später ist all das so gut wie vergessen. In gewisser Weise hat eine schwer fassbare Ironie der Weltgeschichte den Grünen sogar nachträglich recht gegeben: Alle sprechen nun vom Klima. Und das kennt wirklich keine nationalen Grenzen. Dennoch gilt auch bei dieser Menschheitsauf-

gabe: »Wir« müssen vorangehen beim Klimaschutz, gerade
wir. Wir müssen das Vorbild für alle anderen sein. Wenn nicht
wir, wer dann? Wenn wir vorangehen, folgt uns der Rest der
Welt.

>>> <<<

Das trifft nicht überall auf Begeisterung. Die lose Fraktion der
freiheitsliebenden Patrioten, liberale bürgerliche Europäer mit
Restbeständen jenes deutschen Geschichts- und Kulturbe-
wusstseins, das Thomas Mann einst gegen die französische »Zivilisation« in Stellung brachte, sind da ein bisschen anderer
Meinung. Klingt in diesem Anspruch, alles schneller und besser machen zu müssen als die anderen Völker, nicht wieder
jene urdeutsche Hybris an, die noch zu preußisch-wilhelmini-
scher Zeit gang und gäbe war? »Und es mag am deutschen Wesen / einmal noch die Welt genesen«, wie der Lyriker Franz
Emanuel August Geibel, ein prominentes Kind des 19. Jahrhunderts, einst dichtete?

Von ihm, dessen Texte auch von Felix Mendelssohn Bar-
tholdy und Johannes Brahms vertont wurden, stammt auch jenes Gedicht, das hundert Jahre lang jedes Kind so selbstverständlich kannte wie Matthias Claudius' »Der Mond ist
aufgegangen«:

Der Mai ist gekommen, die Bäume schlagen aus,
da bleibe, wer Lust hat, mit Sorgen zuhaus;
wie die Wolken dort wandern am himmlischen Zelt,
so steht auch mir der Sinn in die weite, weite Welt.

Auch solche Kulturtraditionen gehören zum Erinnerungsschatz moderner Konservativer und Liberaler, obwohl – oder gerade weil – sie von ganz anderen, scheinbar »vorgestrigen« Zeiten künden. Dazu gehört auch jenes Volkslied aus der revolutionär-romantischen Epoche um 1800, das in der berühmten Liedersammlung »Des Knaben Wunderhorn« Aufnahme fand. Bis heute hat die Verbindung von Rebellion, Freiheitsdrang und Poesie ihre eigentümliche Anziehungskraft nicht verloren: »Die Gedanken sind frei/Wer kann sie erraten?/ Sie fliehen vorbei/Wie nächtliche Schatten.«

Unvergängliche Zeilen mit einer bewegenden Melodie, die an die lange Geschichte der Freiheitskämpfe in Deutschland erinnern.

An einem Abend des Jahres 1942, mitten im Zweiten Weltkrieg, stellte sich Sophie Scholl vor die Gefängnismauer, hinter der ihr Vater wegen hitlerkritischer Äußerungen einsaß, und spielte ihm auf der Blockflöte die Melodie des Freiheitsliedes vor. Am 22. Februar 1943 wurde sie gemeinsam mit ihrem Bruder Hans wegen Mitgliedschaft in der Widerstandsgruppe »Weiße Rose« hingerichtet.

Wenige Jahre später, am 9. September 1948, auf dem Höhepunkt der Blockade Berlins durch Stalins Sowjetunion, hielt der Regierende Bürgermeister, der Sozialdemokrat Ernst Reuter, vor 300 000 Berlinern an der Ruine des Reichstags seine legendäre Rede, in der er an »die Völker der Welt« appellierte, die Stadt nicht »preiszugeben«. Danach stimmten viele in der unübersehbaren Menschenmenge, ganz unabgesprochen und wie selbstverständlich, jene alte Melodie an, deren Botschaft sich jetzt direkt an die herrschenden Parteikommunisten in Moskau und Ost-Berlin richtete: *Die Gedanken sind frei!*

Wenn es um den Blick auf Deutschland geht, kommt man nicht an einem elementaren Befund vorbei – der frappierenden Geschichtslosigkeit, die mit mangelnder Bildung nur zum Teil erklärt werden kann. Während die rechten Ideologen bestimmte historische Momente, die ihnen zupasskommen, gleichsam einkapseln und wie ein heroisches Schmuckstück in der Schatulle aufbewahren, herrscht vor allem bei den Linken die Logik vor, der unaufhaltsame gesellschaftliche Fortschritt mache das Bisherige zur bloßen Vorgeschichte, deren hoffnungslose Rückständigkeit allenfalls noch milde bedauert werden kann.

Damit einher geht eine Tabula-rasa-Mentalität, die auf eine – zumindest moralische – Entwertung der Vergangenheit zu gegenwärtigen Zwecken abzielt. Ein extremer, teils extremistischer Ausdruck dieser Haltung ist jene »Cancel Culture«, die die geschichtliche Entwicklung und ihre Protagonisten zumindest symbolisch einer rückwärtigen Säuberung unterzieht – Tatortreinigung einmal anders. Historische Figuren, egal ob Politiker, Staatsmänner oder Künstler (in diesem Fall sind es tatsächlich nur männliche Wesen), sollen aus der – erst recht: ehrenvollen – Erinnerung getilgt werden, wenn sie nicht den ethischen und politisch korrekten Maßstäben genügen, die im Jahre 2021 gelten, soweit man bestimmten universitär-akademischen LGBTQ-Reinigungskolonnen folgen mag.

Geschichte als Schachbrett, das mit Wischmopp und Staubwedel bearbeitet werden kann. Nebenbei: Mit dem historisch-dialektischen Materialismus von Marx und Engels hat das nichts mehr zu tun, allenfalls mit Stalinismus, übrigens auch nichts mit Kant und Hegel, die jedoch selbst schon unter strikter Quarantäne der neuen Historikerkommissionen stehen.

Dass auch in der Mitte der Gesellschaft immer noch kein einigermaßen selbstverständliches Verhältnis zum eigenen

Land, zur politisch und ökonomisch so erfolgreichen Bundesrepublik existiert, zeigte ein kleiner Vorfall am Abend der Bundestagswahl vom 22. September 2013. Nach dem Wahlsieg der Union schwenkte CDU-Generalsekretär Hermann Gröhe – man darf annehmen: aus spontaner Freude – während einer kleinen Siegesfeier im Konrad-Adenauer-Haus eine kleine schwarz-rot-goldene Fahne. Nach wenigen Sekunden ging Angela Merkel auf ihn zu und nahm ihm im Stil einer französischen Gouvernante das Fähnchen aus der Hand. Weil die befremdliche Szene live im Fernsehen zu verfolgen war, sorgte sie für große Aufmerksamkeit und jede Menge Spott.

»Mutti« hatte ihren Generalsekretär buchstäblich auf offener Bühne wie einen dummen Schuljungen behandelt. Was aber hatte ihr so missfallen, ihr, die nicht nur deutsche Bundeskanzlerin, sondern auch die Vorsitzende der »CDU Deutschlands« war, wie es korrekt und vollständig heißt? Fürchtete sie das Aufflammen eines gefährlichen Nationalismus, der am Ende das ganze Land anstecken könnte? Was aber waren dann die unzähligen schwarz-rot-goldenen Fahnen, die zum Symbol des weltweit gefeierten, heiter-gelassenen »Sommermärchens« der Fußballweltmeisterschaft 2006 wurden? Freilich fürchteten auch damals einige Kritiker einen unzuträglichen »Fußball-Patriotismus«, der rasch ins Nationalistische kippen könne. Solche Einwände gingen jedoch rasch in jener internationalen Fröhlichkeit unter, in der sich die Farben Deutschlands genauso gut machten wie brasilianische, französische, italienische und spanische Flaggen.

Oder war das kleine schwarzrotgoldene Fähnlein, ein Objekt, das zuweilen bei Staatsbesuchen als Wink-Element verteilt wird, der Kanzlerin nur peinlich? War es eine ästhetische Frage oder auch eine historisch-politische? Also doch: Deutschland peinlich Vaterland? Später kolportierte Erklärungen, Merkels Aktion sei ein Reflex auf ihre traumatischen FDJ-Erfahrungen in der DDR gewesen, in der Staat, Partei und sozialistisches Wink-Element de facto ein und dasselbe gewesen seien, führen eher zu weiteren Irritationen. Ist die Bundesrepublik etwa ein diktatorischer Ein-Parteien-Stasi-Staat? Und ist Schwarzrotgold, die Trikolore der deutschen Freiheitsbewegung des 19. Jahrhunderts, nicht doch etwas anderes als die DDR-Fahne mit Hammer, Zirkel und Ährenkranz?

Doch die Irritationen gehen weiter. So hat die Integrationsbeauftragte der Bundesregierung, die Merkel-Vertraute Annette Widmann-Mauz, zu Jahresbeginn verkündet, dass nun auch der politisch korrekte Begriff »Migrationshintergrund« abgeschafft werden solle, weil er nicht mehr »zeitgemäß« sei. Die von ihr beauftragte »Fachkommission Integrationsfähigkeit« ging nach zwei Jahren harter Arbeit in ihrem zweihundertseitigen Abschlussbericht noch weiter: Die titelgebende Bezeichnung »Integrationsfähigkeit« sei »verengend« und solle ebenso wenig weiter benutzt werden wie das Wort von der »Mehrheitsgesellschaft«. Lieber wolle man künftig von »Einwanderungsgesellschaft« sprechen, in der keine Gruppe diskriminiert und ausgegrenzt werde.

Der Historiker Jörg Hackeschmidt und die Politikwissenschaftlerin Caroline König reagierten auf eine derart geschichtsvergessene Pseudologik mit scharfer Kritik: »Die einheimische Mehrheitsgesellschaft verliert den Status der Aufnahmegesellschaft und muss sich ebenfalls integrieren«, resümierten sie in der *Neuen Zürcher Zeitung*. »Die Einwanderungsgesellschaft Deutschland erscheint wie eine neuzugründende Wohngemeinschaft, in der die Mitbewohner nun alle gemeinsam die Koordinaten für das Zusammenleben neu aushandeln. Das Einzige, was von der Geschichte der Alt-Gesellschaft übrig bleibt und im Unterricht zu vermitteln ist? Genau: die Zeit des Nationalsozialismus. Deutsche Kultur, Geschichte, Literatur: Fehlanzeige.«

Unzweifelhaft soll hier auf dem Verordnungswege regierungsamtlicher Sprachregelungen die Realität umgeformt oder gleich ganz zum Verschwinden gebracht werden – zumindest in der Fantasie dieser Epigonen frühsowjetischer Sozialingenieure. Übermächtig scheint der Glaube, durch die richtige Wortwahl die Wirklichkeit auf den richtigen Weg zu bringen.

Wie aber, um Himmels willen, sollen Menschen aus fernen Ländern und Kulturen jemals in Deutschland ankommen, wenn die »Einwohnenden« (Originalton der gendergerechten Sprache) der »Einwanderungsgesellschaft« selbst nicht wissen, in welchem Land, mit welcher Geschichte und Kultur, mit welchen Werten, Rechten und Pflichten sie eigentlich leben – wenn sie also kein angemessenes und, ja, verbindlich-mehrheitsfähiges Selbst-Bewusstsein haben? Bleibt dann nur noch die Übernahme der Merkel'schen Allerweltsformel, wir seien eben, anders als Flüchtlinge und sonst wie Zugewanderte, »Menschen, die schon länger hier leben«.

Mehr Geschichtslosigkeit geht wohl kaum.

Wie man es dreht und wendet: Selbst im etablierten liberalkonservativen Rest-Milieu ist ein souveräner, wer will: »normaler« Umgang mit Symbolen des eigenen Landes und seinen wohlverstandenen Interessen nicht selbstverständlich. Immer wieder kommen der staatspolitischen Vernunft die einschlägigen Reflexe in die Quere. So zeigte sich Norbert Röttgen, CDU-Präsidiumsmitglied, Anfang des Jahres darüber erfreut, dass die »deutsche Politik einem Impf-Nationalismus eine klare Absage erteilt« habe. Zum europäischen Impf-Chaos danach schwieg er, bis ihn die Realität zwei Monate später dazu zwang, seine Meinung um 180 Grad zu drehen – ein Musterbeispiel politischer Unglaubwürdigkeit.

Was aber inspiriert diese verquere Denkweise, einen erfolgreichen Impfstoff, der federführend in Deutschland entwickelt und produziert wurde, jenseits der europäischen Ebene nicht auch in nationaler Eigenregie ordern zu wollen, wofür man sogar Lieferengpässe und ein Kuddelmuddel in der EU in Kauf nimmt, was zugleich Menschenleben kostet? Über die nervtötende bürokratische Langsamkeit der deutschen »Impfstrategie« sprach die Tübinger Pandemiebeauftragte Dr. Lisa Federle gültige Worte der Wahrheit: »Wir bewegen alles x-mal, wir kontrollieren es noch zehnmal, schreiben es dann aus, lassen es noch mal prüfen, ob es überhaupt so schon geprüft ist, und haben dann noch irgendwelche rechtlichen Bedenken. Und das ist in der Krise vollkommen falsch.«

Über all das könnten womöglich jene Auskunft geben, die sich auch heute nicht als konservativ bezeichnen würden, aber zu ihrem Land ein neues, abgeklärteres, zugleich positiveres Verhältnis gefunden haben: Ehemalige 68er, Alt- und Ex-Linke, vom Glauben abgefallene Grüne, freischwebende Liberale mit mehrfachem politischem Migrationshintergrund. Sie sind mit zwei grundlegenden Erfahrungen aufgewachsen, mit denen sie sich beinah ein Leben lang auseinandergesetzt haben: der Nazi-Barbarei samt der ewig ungelösten Frage, wie es in Deutschland überhaupt so weit kommen konnte, und der Tatsache, dass auch nach 1945 beachtliche Minderheiten in der Bevölkerung die Verbrechen leugnen, relativieren oder gar begrüßen – bis heute. Die Rufe »euch hat man vergessen zu vergasen!« klingen vielen noch in den Ohren, die in den Sechziger- und Siebzigerjahren gegen alle möglichen gesellschaftlichen Missstände auf die Straße gegangen waren.

Keine Frage: Die am Straßenrand pöbelnden Herren mit Krawatte, Aktentasche und scharf geschnittenem Seitenscheitel waren Embleme eines autoritären, teils reaktionären Deutschlands, das man sich heute gar nicht mehr vorstellen kann. Es waren ja nicht nur alte Nazis, die so redeten und sich in die neue Normalität bundesrepublikanischer Karrieren geflüchtet hatten, nicht nur Vertreter der alten Elite, die nun schon wieder in führenden Positionen saßen, ob in der Justiz, der Wirtschaft, der Politik, den Medien oder der Medizin, darunter zum Beispiel der KZ-Arzt Aribert Heim, der gesunden Häftlingen bei vollem Bewusstsein Organe entnommen, dann aus ihrer Haut Lampenschirme fabriziert hatte und bis zu seiner Flucht 1962 völlig unbehelligt als Gynäkologe in Baden-Baden arbeiten konnte.

Es waren auch ganz normale Leute, deren Jugend unter dem Banner des Hakenkreuzes verlief; Diktatur, Holocaust und Weltkrieg waren frei Haus. So fiel ihnen beim Anblick protestierender Studenten mit roten Fahnen und Mao-Porträts zunächst nicht viel mehr ein als »Ab ins Arbeitslager!«, »Geht doch nach drüben!« und »Erst mal zum Friseur!«

Im Abstand von mehr als fünfzig Jahren sieht man die vertrackte Dialektik dieser Jahre wie im Brennglas, in der sich auch ein grandioses Missverständnis versteckte, das wichtige Teile der Realität ausblendete. Die später als »68er« in die Geschichte eingehenden Rebellen konfrontierten die Generation ihrer Väter nicht nur mit ihrer Schuld und Verantwortung für den Nazi-Terror, sondern auch mit einer veritablen Kulturrevolution, zu der neben einer neuen Haartracht auch Rock 'n' Roll, freie Liebe und der Bruch mit bürgerlichen Konventionen gehörten.

42

Die Jungen sahen in den Alten vorwiegend Täter und Mitläufer des Nazi-Regimes, die sich nun in der heilen Nachkriegs-
welt des deutschen »Wirtschaftswunders« eingebunkert hatten
und von Schuld nichts hören wollten. Die Kriegsheimkehrer
und »Noch-einmal-Davongekommenen« wiederum betrachte-
ten die Generation ihrer Töchter und Söhne als von Moskau
und Ost-Berlin finanzierte kommunistische Umstürzler, die *stimmt!*
ihnen die nach 1945 gerade wieder errungene Sicherheit und
Auskömmlichkeit des eigenen Lebens einschließlich eines
zweiwöchigen Sommerurlaubs an der italienischen Adria ent-
reißen wollen. Ginge es nach heutigen Maßstäben, so hätte
man bei Millionen Kriegsgefangenen, Vertriebenen und Invali-
den höchstwahrscheinlich eine »posttraumatische Belastungs-
störung« festgestellt und psychologisch fachgerecht behandeln
müssen. Damals konnte sie jedoch nur mit Heinz-Erhardt-Fil-
men, viel Schwarzwälder-Kirschtorte und Familienpackungen
»Jacobs Krönung« (»Draußen nur Kännchen«) bekämpft werden, von Pils und Korn einmal abgesehen.

Dieser moralisch höchst aufgeladene Generationenkonflikt
wurde nirgends so hart und unversöhnlich ausgetragen wie
in Deutschland, weder in Frankreich noch in Italien oder in
Amerika.

Im mörderischen Kampf zwischen der linksterroristischen
RAF und der bundesdeutschen Staatsmacht kulminierte diese
auch ideologisch verbrämte Auseinandersetzung, und in der
erhitzten Rhetorik von »Faschismus«, »Widerstand« und »re-
volutionärem Kampf« war der Widerhall der Naziherrschaft
stets unverkennbar. Auch jenseits dieser Eskalation war die
Bundesrepublik der Ort einer unaufhörlichen »Vergangenheitsbewältigung« – vom Streit über die »Wiederbewaffnung«
und den Frankfurter Auschwitz-Prozess bis zur Revolte von

1968, der umstrittenen amerikanischen TV-Serie »Holocaust«, dem »Historikerstreit« und der Auseinandersetzung über das Berliner Holocaust-Mahnmal.

So mag es kein Zufall sein, dass gerade jene, die diese Auseinandersetzung mit der jüngeren und jüngsten deutschen Vergangenheit intensiv geführt und durchlitten haben, eine Synthese aus all den Kämpfen und Konflikten entwickelten: ein Bild des eigenen Landes, das deutlich besser aussieht, als man früher je wahrhaben wollte. Auch dabei hatte wohl eine Dialektik der Wechselwirkungen ihre Hand im Spiel. Der Protest gegen konservative Erstarrungen und moralische Heuchelei brachte das »Establishment« zwar in Wallung, drängte es aber auch in einen Prozess der Selbstveränderung. Das Aufeinandertreffen von radikaler Systemkritik und bürgerlicher Gesellschaft hat nach und nach beide Seiten verändert. Im Laufe der Auseinandersetzungen lernten auch die meisten Linken den prinzipiellen Wert von Parlamentarismus und Rechtsstaat schätzen, während die wütenden Männer mit Hut und Aktentasche am Ende doch mit der unaufhaltsamen Modernisierung und Liberalisierung der Republik ihren Frieden schlossen, wenn auch nicht ohne Murren und Wehklagen.

Genau das, die rechts wie links durchaus schmerzhafte Integration in die komplexe Realität der liberalen Demokratie, war das entscheidende Erfolgsrezept der Bundesrepublik, das nun allerdings in Gefahr gerät. Der Konsens dieser auch heute noch heterogenen Fraktion ist eine alles in allem versöhnliche Wahrnehmung der deutschen Gegenwart: Die Bundesrepublik 2021 ist selbst in der Corona-Krise das freieste und wohlhabendste deutsche Gemeinwesen geblieben, das es jemals gab, seit Tacitus über den »Ursprung und die Sitten der Germanen« schrieb. Doch den versprengten Zeitgenossen der »radikalen Mitte«, so die Selbstbezichtigung des Kabarettisten Andreas Rebers, der einst im revolutionären Portugal von 1975 bei der Ernte von Naturkork, Tomaten und Melonen geholfen hatte, fehlt die politische Durchschlagskraft, jene stets abrufbare, medial äußerst wirksame Empörungsbereitschaft der »Gerade-Wir«-Fraktion, die neben ihrem Coffee to go auch ihre Moral to go mit sich herumträgt wie andere ihre Louis-Vuitton-Handtasche: immer schön griffbereit.

Das gelingt den liberalen Patrioten, die, ohne es wie eine Monstranz vor sich herzutragen, selbstverständlich auch Europäer und Weltbürger sind, vor allem deshalb nicht, weil ihnen der Furor des Durchblicker- und Rechthaber-Gens fehlt, das Unbedingte jenseits des prinzipiellen Zweifels, der innere Missionsdrang, stets beweisen zu müssen, dass die beste aller Welten gleich um die Ecke liegt, wenn man sich nur für das einzig Richtige entscheidet.

Sie dagegen sind Skeptiker, geübte Lebenspraktiker und nachdenkliche Positivisten zugleich, die immer wieder darüber staunen, welchen ungeheuer weiten Weg die deutsche Republik von der Trümmerlandschaft 1945 bis heute zurückgelegt hat. Das hält sie freilich nicht von scharfer Kritik an »deutschen Zuständen« ab, wie es hierzulande seit eh und je gute Tradition ist. Sebastian Haffner, 1999 gestorben, wäre heute gewiss einer von ihnen. Der Journalist und Autor eines der besten Bücher über das Ende der Weimarer Republik (»Geschichte eines Deutschen. Die Erinnerungen von 1914 bis 1933«) zeichnete, als Hitler längst die Macht übernommen hatte, ein Bild Deutschlands in Worten, die heute niemandem mehr zu Gebote stehen.

Zu diesem seinem Deutschland, das die Nazis bereits »zerstört und niedergetrampelt« hatten, als er dies im Londoner

Exil niederschrieb, gehörten »*Humanität*«, »*Offenheit des Den-kens, ein Niezufriedensein mit der Welt und mit sich selbst, Mut, immer wieder zu versuchen und zu verwerfen, Selbstkri-tik, Wahrheitsliebe, Objektivität, Ungenügsamkeit, Unbedingt-heit, Vielgestaltigkeit, eine gewisse Schwerfälligkeit, aber auch eine Lust zur freiesten Improvisation, Langsamkeit und Ernst, aber ebenso ein spielerischer Reichtum des Produzierens, der immer neue Formen aus sich herauswarf und als ungültige Versuche wieder zurückzog. Respekt für alles Eigenwillige und Eigenartige, Gutmütigkeit, Großzügigkeit, Sentimentalität, Musikalität, und vor allem eine große Freiheit: etwas Schwei-fendes, Unbegrenztes, Maßloses, nie sich Festlegendes, Resignie-rendes.*«

Umso gnadenloser lautet Haffners Generalurteil über die Deut-schen, wenn sie »der nationalistischen Krankheit« verfallen: Dann werden sie »schlechthin unmenschlich« und offenbaren eine »bestialische Hässlichkeit«. Diese Verwandlung eines Vol-kes, das noch bei den schon nicht mehr freien Reichstagswah-len am 5. März 1933 mehrheitlich gegen Hitlers NSDAP ge-stimmt hat, bleibt ein ewiges Rätsel selbst für all jene, die sich ein Leben lang damit beschäftigt haben.

Haffner selbst ging 1954 wieder in die Heimat und konnte die Rückkehr der Deutschen in die Zivilisation aus der Nähe begleiten – als einer der prominentesten Journalisten und Au-toren der Bundesrepublik, der unzählige Male zu Gast war in Werner Höfers »Internationalem Frühschoppen«. Der legen-däre Moderator, Inbegriff der Bonner Republik, erwies sich später als einstiger Mitläufer des Nazi-Regimes, der seit März 1933 Mitglied der NSDAP gewesen war, für die NS-Zeitschrift *Das Reich* schrieb und 1943 in einem Artikel die Hinrichtung

eines Künstlers verteidigte, der öffentlich am »Endsieg« ge-
zweifelt hatte. Haffner und Höfer im Kölner WDR-Fernsehstu-
dio bei Rheinwein, Pfeifenrauch und intensivem politischem
Gedankenaustausch: eine sehr schräge, aber typische Nach-
kriegsbegegnung in Deutschland, Sinnbild des wiedergefunde-
nen demokratischen Konsenses nach dem Abgrund von Diktatur, Krieg und Massenmord.

>>> <<<

Die bunt gemischte, sehr diverse »Mir-doch-egal«-Fraktion
kennt weder Sebastian Haffner noch Werner Höfer, weder die
dramatischen Geschehnisse der Weimarer Republik, die
schließlich Hitler den Weg zur Macht ebneten, noch Friedrich
Ebert, Walter Rathenau oder Gustav Stresemann. Es interes-
siert sie auch nicht. Sie leben im Hier und Jetzt, sind überwiegend ungebildet, politisch desinteressiert, dafür »netzaffin«
und konsumorientiert.

Dieses Milieu ist nicht unbedingt identisch mit dem ge-
wachsenen Teil jener Bürger, die nicht oder nicht mehr zur
Wahl gehen. Gleichwohl zeigt eine Untersuchung der Bertelsmann-Stiftung aus dem Jahr 2013, die ihre Gültigkeit kaum
eingebüßt haben dürfte, dass der typische Nichtwähler in
Deutschland kein »Demokratieverdrossener« ist, »vor allem
aber … kein intellektuell bekennender Wahlboykotteur«. In
seinem Verhalten steckt also kein politisches Kalkül. Der typische Nichtwähler, so das Resümee, »ist Geringverdiener, bil-
dungsschwach, wohnt häufig in sozialen Brennpunkten und ist
nach gängigen sozio-ökonomischen Kriterien Angehöriger der
sogenannten Unterschicht«. Die Diagnose fällt erstaunlich eindeutig aus: »Die Wahlbeteiligung in Deutschland sinkt vor al-

lem deshalb, weil sich die Unterschicht aus der aktiven Teilhabe an der Demokratie verabschiedet.« Auch wenn die Neigung, zur Wahl zu gehen, hier und dort wieder leicht gestiegen ist – rund ein Drittel bleibt fast immer zu Hause.

Ob mit oder ohne Migrationshintergrund – die deutsche wie europäische Geschichte ist ihnen eher unbekannt, geistige wie emotionale Bindungen an prägende Ereignisse der vergangenen Jahrhunderte existieren so wenig wie jedwede Reaktion auf jene flammenden Bekenntnisse, die zu historischen Anlässen wie dem rituellen Gedenken an den Holocaust abgerufen werden: »Nie wieder! Nicht vergessen! Verantwortung tragen! Zusammenhalt stärken!« Ihr Zusammenhalt sind Familie und Freunde, vielleicht noch ein paar Arbeitskollegen. Vom Rest der Gesellschaft wissen sie wenig und sehen schon deshalb keinen Grund, für ihr Wohl und Wehe auch noch irgendeine Verantwortung zu übernehmen.

Im Verhältnis zu Deutschland sind sie längst das, was Herzenseuropäer wie der österreichische Schriftsteller Robert Menasse schon immer als Ziel ausgegeben haben: Sie sind »postnational« – allerdings nicht aus europäischer Leidenschaft oder weltbürgerlichem Engagement, sondern aus Desinteresse an Politik überhaupt, erst recht an der Auseinandersetzung über das Verhältnis zwischen Nationalstaat und europäischer Einigung. Das alles ist, wenn man es einigermaßen rational und differenziert betrachten will, für die meisten zu schwierig, zu kompliziert, ziemlich folgenlos und letztlich unergiebig für die eigene Existenz.

Der Abstraktionsgrad der Debatten über die Zukunft Europas hat mit ihrem alltäglichen Leben so gut wie nichts zu tun. Anders freilich liegt der Fall etwa bei der spontanen, emotional tief verankerten Begeisterung für die deutsche Fußballnationalmannschaft, die in den letzten Jahren freilich sehr gelitten hat. Sport überhaupt ist Quell kollektiver Identifikation, einer der letzten Orte *nationaler* Gemeinschaftserlebnisse. Dazu gesellt sich möglicherweise ein autochthoner Gewohnheitsstolz auf deutsches Bier, Sauerteigbrot, den Schwarzwald und den Rheingau, Bastian Schweinsteiger, VW, BMW und »den Daimler«, schließlich das Grundgefühl, dass es in Deutschland alles in allem »ordentlicher«, also organisierter und effizienter zugeht als im Rest der Welt. Manchmal sogar gemütlicher.

All das ändert jedoch nichts an dem Phänomen, das der Soziologe Andreas Reckwitz als »spätmodernen Paternoster« beschreibt: das soziale Abdriften einer »prekären Klasse« aus Niedrigqualifizierten, deren ökonomisches wie kulturelles Kapital gering ist. Sie sind weit entfernt vom Lebensentwurf der »neuen Mittelklasse«, deren oberstes Ziel die materiell wie ideell »erfolgreiche Selbstverwirklichung« ist. Andererseits können sie nicht mehr auf das »proletarische« Selbstbewusstsein der alten Arbeiterklasse zurückgreifen, der einst nicht nur von Marx und Engels die Macht zugesprochen wurde, Menschheitsgeschichte zu schreiben. Stattdessen überwiegt ein »negatives Klassenbewusstsein« mit dem Gefühl, »sozial abgehängt«, im gesellschaftlichen Abseits gelandet zu sein. Oft kommt es dann, so Reckwitz, zu einem Rückzug in »Parallelgesellschaften einheimischer oder migrantischer Provenienz, die ihre kollektive Identität pflegen«. Man könnte hinzufügen: Was bleibt ihnen übrig?

Auf jeden Fall schaut dort niemand Anne Will oder Maybrit Illner, weder Sandra Maischberger noch Frank Plasberg – eine ferne fremde Welt der immergleichen Talkshowgäste aus der politisch-medialen Prominenz-Blase, deren endlos mäandernde Wortakrobatik so gut wie nichts mit dem Leben draußen zu

warum auch!?

tun hat. Wenn da von »Ausgrenzung« und »Diskriminierung« geredet, »Diversität« und »Achtsamkeit« gepredigt wird, sind sie jedenfalls nicht gemeint. Sie kommen einfach nicht vor, und falls doch, dann nur abstrakt, etwa wenn es sozialpaternalistisch und gendergerecht um »Hartz-IV-Empfänger*innen« geht, die schlimmstenfalls auch noch als für Rassismus anfälliges Rekrutierungsreservoir der AfD gelten.

Dass dieses »Prekariat«, besonders seit der Flüchtlingswelle 2015, Zulauf durch Hunderttausende Migranten erhalten hat, macht die Lage nicht besser. Der Soziologe Rainer Geißler hat schon vor Jahren eine »tendenzielle Unterschichtung der deutschen Sozialstruktur« durch Einwanderung festgestellt – ob über Jobs mit geringen Qualifikationsanforderungen oder durch Inanspruchnahme der Sozialsysteme. Daraus folgt ein weiteres Anwachsen jenes Milieus, das sich von den großen politischen Debatten und richtungsweisenden Entscheidungen der Republik, also von einem Großteil der gesellschaftlichen Wirklichkeit hierzulande, ausgeschlossen fühlt.

Dass Deutschland weltweit, nach den USA, das zweitbeliebteste Einwanderungsland ist, sagt allerdings noch nichts über die wirkliche Beziehung von Migranten zu diesem Land, in dem sie nun eine zweite Heimat zu finden hoffen. Kulturelle und ethnische Konflikte, Sprach- und Qualifikationsmängel erschweren die Integration in eine Gesellschaft, die sich ständig weiterentwickelt, wie der Homeoffice- und Digitalisierungsschub während der Corona-Pandemie vor Augen geführt hat. Die Anforderungen an fachliche Qualifikation werden weiter steigen. Gerade in den Schulen hat sich während der Krise anschaulich gezeigt, wie wichtig Bildungserlebnisse schon in jungen Jahren sind, erst recht, wenn aus dem Elternhaus keinerlei Unterstützung kommt und das langjährige bundesdeutsche Wohlstandsmodell »Aufstieg durch Bildung« praktisch unbekannt ist. Vermutlich wird sich das Schwinden des politischen wie kulturellen Gedächtnisses weiter beschleunigen. Die Frage, was ein syrischer Flüchtling aus Aleppo mit Bismarck und Richard Wagner, Konrad Adenauer und Hölderlin zu tun hat, liegt nahe, wird aber ungern gestellt. Dabei wäre es absolut unfair, zwanzigjährigen Afghanen, Irakern oder Sudanesen irgendeine Art von Verantwortung für die deutsche »Erinnerungskultur« aufzutragen, und sei es nur in Form eines moralischen Appells. Das heißt aber auch, dass das historische Bewusstsein der Republik einer immer kleineren Minderheit vorbehalten sein wird.

Für alle anderen gilt: Hauptsache, das WLAN funktioniert.

››› ‹‹‹

Zum Schluss, die Betroffenen würden sagen: mal wieder *typisch Wessi,* kommt die Fraktion der »Menschen zweiter Klasse«. Kurz, der »Ossi«, genauer, der »Jammerossi«. Niemand hat die rhetorische Figur des »Ossi«, das ewige Opfer westdeutscher Machenschaften, so unermüdlich, wortreich und herzergreifend besungen wie Gregor Gysi, der langjährige Star der post-realsozialistischen Hybrid-Partei SED-PDS-Die Linke. Statistisch gesehen ist der wütende Jammer-Ossi eine Minderheit, doch selbst in Dokumentarfilmen der ARD (»Wir Ostdeutsche«) scheint es zuweilen so, als habe das eigentliche Elend erst nach dem Fall der Mauer begonnen. Zuletzt äußerte die Sozialwissenschaftlerin Naika Foroutan gar die These, Ostdeutsche und Migranten würden »eine ganz ähnliche Diskriminierung« erleben. Beide Gruppen seien gleichermaßen »Einwanderer« nach Westdeutschland.

51

Klar ist: ohne »Wessi« kein »Ossi«. Und umgekehrt. »Besser-Wessi« und »Jammer-Ossi« brauchen einander wie Laurel und Hardy, Kienzle und Hauser. Es handelt sich dabei nicht um Hegels Dialektik von Herr und Knecht, doch es gibt Ähnlichkeiten. Auch hier beziehen beide Seiten einen großen Teil ihrer Identität und sozialen Anerkennung aus dem unmittelbaren, ja, feindlichen Widerstreit – obwohl die »Wiedervereinigung« von 1990 das gerade Gegenteil nahelegen müsste: Verständnis und Freundschaft.

Doch schon bald nach der Begeisterung über Mauerfall, Währungsunion und Einheitsfeier stiegen die Ressentiments und gegenseitigen Anklagen empor und beherrschten einige Jahre lang die öffentliche Debatte. 1993 wurde in der ARD sogar eine 13-teilige Fernsehserie ausgestrahlt, deren Namen schon fast alles sagte: »Motzki«. Die Titelfigur war ein nörgelnder Westberliner, der vor nichts mehr Angst hatte als vor einer Überflutung seiner geliebten Charlottenburger Heimat durch Trabi-fahrende Billig-Jeans-Ostberliner mit Stasi-Hintergrund.

Überall ging es um diffuse Befürchtungen, Enttäuschungen, verlorene Illusionen, Demütigungen und Kränkungsgefühle, eine toxische Mischung, die sich allerdings nicht immer mit den Tatsachen vertrug. Entscheidend aber war, dass die Empfindung, zu den Verlierern zu gehören, bei vielen Ostdeutschen übermächtig wurde. Sie fühlten sich »belogen« und »betrogen« – Adjektive tiefsten Beleidigtseins, die im sächsischen Idiom noch mehr durch Mark und Bein gingen als auf Hochdeutsch. Wieder einmal fanden sie sich von der Obrigkeit hintergangen – nach Erich Honecker war es der eben noch frenetisch gefeierte Helmut Kohl, der ihnen »blühende Landschaften« versprochen hatte und in ihren Augen nun offen Wortbruch beging.

Vor allem die Treuhand war Gegenstand der Wut, ja, des Hasses, den unfaire Geschäftspraktiken westdeutscher Unternehmer noch schürten. Ganz unabhängig von berechtigten Beschwerden und Protesten – zwei Fakten ließen sich nicht aus der Welt schaffen: der völlige Zusammenbruch der DDR-Ökonomie und der politische Zerfall der DDR, der Untergang von Staat und Partei samt einer moralischen Diskreditierung der gesamten gesellschaftlichen Elite des ersten sozialistischen »Arbeiter- und Bauernstaates« auf deutschem Boden.

So bitter sie für manche klingen mag, die schlichte Wahrheit ist: Die »BRD«, der Westen, vulgo die »Wessis« hatten den Kalten Krieg, den »Kampf der Systeme«, gewonnen. Daran änderte auch der Solidaritätszuschlag nichts, ebenso wenig die vielen guten Worte und Taten der reichen Brüder und Schwestern, auch nicht die immer wieder von höchster Stelle feierlich ausgesprochene »Anerkennung der Lebensleistung« aller DDR-Bürger, die natürlich keine schlechteren Menschen waren als die Westdeutschen.

Aber es ist ja welthistorisch ziemlich einmalig: Die Ostdeutschen leben auf demselben Territorium wie zuvor, aber in einem komplett anderen Staat. Die DDR wurde ihnen gleichsam unter den Füßen weggezogen. Nun fühlt sich eine erkleckliche Minderheit fremd im eigenen Land, mit dessen westdeutsch geprägter Kultur und politischer Verfasstheit sie sich bis heute schwertut.

Zugleich ist die Rückkehr in die alten Verhältnisse unmöglich, zumal selbst DDR-Nostalgiker, die vom »sozialen Zusammenhalt« im volkseigenen Kombinat schwärmen, Erich Honecker und der Stasi nicht wirklich nachtrauern.

So schwanken die Ostdeutschen zwischen Linkspartei und AfD, Rückzug und Protest, während die alten Volksparteien

CDU und SPD nicht einmal mehr gemeinsam eine Mehrheit erreichen. Die Mitte zerfasert, Orientierung fehlt. Ein souveränes Selbstbewusstsein kann so kaum entstehen.

Obwohl die stets geforderte »Angleichung der Lebensverhältnisse« von Ost- und Westdeutschland, neben Freiheit und Demokratie das Maß aller Dinge, in den letzten dreißig Jahren erstaunlich gut vorangekommen ist, bleiben Vorbehalte, Ressentiments und Fremdheitsgefühle auf beiden Seiten. Positive Entwicklungen, so der Sozialforscher Hans Rosling, werden oft nicht zur Kenntnis genommen, weil sie das negative Weltbild stören, in dem sich viele häuslich eingerichtet haben.

Das primitive Ossi-Wessi-Bashing hat deutlich nachgelassen, doch die Unterschiede bleiben. »Vieles spricht dafür, dass wir auch dreißig Jahre nach der Wiedervereinigung ein Staat und zwei Gesellschaften sind«, resümiert Professor Klaus Schroeder, Leiter des Forschungsverbunds SED-Staat an der Freien Universität Berlin. In seinem Buch »Kampf der Systeme« zitiert er Studien und Umfragen, denen zufolge etwa die Hälfte der Ostdeutschen ihre westdeutschen Landsleute immer noch für »Besserwessis« halten. Andererseits sagen immerhin knapp 54 Prozent der Ostdeutschen, man könne in Deutschland »sehr gut leben«. »Stolz, Deutscher zu sein«, empfinden erstaunliche 70 Prozent.

Dennoch ist es kein Zufall, dass die rechtslastige »Pegida«-Bewegung – »Patriotische Europäer gegen die Islamisierung des Abendlandes« – in Dresden entstand. Auch die Wahlerfolge der AfD sind in den östlichen Bundesländern deutlich größer als im Westen – genauso wie das prinzipielle Misstrauen gegenüber Bundesregierung und Medien. Dass aber vor allem in den öffentlich-rechtlichen Sendern aus dem Westen Ost-

Länder wie Brandenburg, Sachsen, Sachsen-Anhalt und Thüringen überwiegend in der Rubrik »Kampf gegen rechts« auftauchen, ist unbestreitbar und gewiss keine besonders intelligente Strategie, den »Lügenpresse!«-Parolen entgegenzutreten.

Man muss kein Tiefenpsychologe sein, um zu vermuten, dass bei vielen ostdeutschen »Wutbürgern« durchaus traumatische Erfahrungen mit den Praktiken des SED-Regimes eine Rolle spielen. Einerseits wurde man tatsächlich »belogen und betrogen«, andererseits haben sich die meisten DDR-Bürger ins scheinbar Unvermeidliche gefügt, der Staatsmacht unterworfen und »das Maul gehalten«, wie Wolf Biermann es ausdrücken würde.

Diese Schwäche mag sich manch einer im Nachhinein nicht verzeihen. Umso eher ist man jetzt bereit, gegen »die da oben« zu rebellieren, nun, da es nicht annähernd solche Risiken birgt wie zu Stasi-Zeiten und sich auf diese Weise auch aufgestaute Wut aus vergangenen Zeiten endlich Luft verschaffen kann. Eine komplizierte Gemengelage historischer, psychologischer und sozialer Aspekte, bei der rein ökonomische Faktoren womöglich eine kleinere Rolle spielen als die jahrzehntelange Prägung durch autoritäre Verhältnisse, aufgezwungenen Kollektivismus, Befehl und Gehorsam, Angst und Unterordnung.

Keine neue Erfahrung in der deutschen Geschichte: Freiheit ist eine wunderbare Sache – aber sie ist viel unübersichtlicher als Unfreiheit.

Zur Freiheit, wie sie in Deutschland herrscht, gehört auch, dass es unzählige Haltungen, Meinungen und Empfindungen zu Gott und der Welt gibt, die in kein soziologisches oder gar ideologisches Schema passen. Die Corona-Krise hat das in aller Drastik vorgeführt.

Nach wie vor scheint es eine deutsche Spezialität zu sein, dass sich jede Realität immer zunächst an der Idee, am Gutgemeinten, Erstrebenswerten, Wahren und Schönen messen lassen muss, nicht etwa umgekehrt: die womöglich illusionäre Idee an der Wirklichkeit. Auch deshalb ist im Land von Goethe, Hegel und Kant ein kritisch-realistisches Selbstbewusstsein immer noch eine Rarität. Heinrich Heines Befund, dass die Deutschen »im Luftreich des Traumes« die »unbestrittene Herrschaft« besitzen, ist so aktuell wie vor 150 Jahren.

Die Suche nach einem Landeplatz geht weiter.

2. KAPITEL

DEUTSCHLAND PEINLICH VATERLAND

*Über den
ewigen Selbstverdacht*

Als am Abend des 9. November 1989 aus Ostberlin die sensationelle Kunde drang, ab sofort könnten Bürger der DDR »Privatreisen nach dem Ausland … ohne Vorliegen von Voraussetzungen« beantragen, wobei die Genehmigungen »kurzfristig« erteilt würden, als nach blitzartigen Gedanken und ein paar spontanen Wortmeldungen klar wurde, dass damit die Berliner Mauer gefallen war, standen erst ein paar, dann alle anwesenden Abgeordneten des Deutschen Bundestages im Bonner »Wasserwerk« auf und stimmten die Nationalhymne an: »Einigkeit und Recht und Freiheit/ Für das deutsche Vaterland! Danach lasst uns alle streben/ Brüderlich mit Herz und Hand!« Sie sangen erstaunlich text- und melodiesicher, und Bundestagspräsidentin Annemarie Renger sah danach keine Möglichkeit mehr, »wieder in die Tagesordnung einzutreten«. Sie schloss die Sitzung mit einem Lächeln.

Am Tag darauf ging das Deutschlandlied in einer Kakophonie von Pfiffen und Misstönen unter. Bei einer Großkundgebung vor dem Schöneberger Rathaus wurde die Rede von Bundeskanzler Helmut Kohl gnadenlos ausgepfiffen, und auch der abschließende, zugegeben: musikalisch drittklassige Gesang, an dem fast die gesamte Staatsspitze beteiligt war, verwehte im anhaltenden Pfeifkonzert, das sich vor allem gegen den unter Linken verhassten Kohl richtete, den selbst Grüne später als »großen Europäer« und »Kanzler der Einheit« rühmten.

Doch an diesem Abend stimmten die Reflexe noch: Bloß nicht an die »Einheit der Nation«, schon gar nicht an eine Wiedervereinigung denken. Psychologen würden hier von »Abwehr« und »Verleugnung« sprechen: Realitätsverweigerung. Es war ein peinlicher, völlig misslungener Moment in einer Stunde des Glücks. Wie hätten Engländer, Franzosen oder Italiener einen solchen Augenblick gefeiert, mit welchem Pathos hätte man all den Gefühlen Ausdruck verliehen, die sich ja schon den ganzen Tag über am Brandenburger Tor, auf den Straßen Westberlins, dem Kurfürstendamm und vor dem KaDeWe so ungestüm, ungläubig und tränenreich gezeigt hatten? »Wahnsinn! Wahnsinn!« war der Ausruf der Stunde.

Aber es war kein Zufall: Die in Berlin mit der SPD regierende linksgrüne »Alternative Liste« (AL) lehnte selbst nach dem Mauerfall noch den Satz einer von der CDU eingebrachten Resolution ab, in dem es ähnlich wie im Grundgesetz hieß: »Das Abgeordnetenhaus von Berlin hält fest an dem Ziel, auf einen Zustand des Friedens und der Einheit in Europa hinzuwirken, in dem auch das deutsche Volk in freier Selbstbestimmung seine Einheit erlangen kann.«

So absurd und weltfremd es in dieser Situation auch war: Das konnte nicht sein, das durfte nicht sein. Und es lag nicht allein daran, dass in der AL mehrere Stasi-Spitzel aktiv waren, darunter der spätere Bundestagsabgeordnete der Grünen, Dirk Schneider, der sich – Ironie der Geschichte – vor allem um »Deutschlandpolitik« gekümmert hatte.

Dass nationales Pathos, etwa wie bei den Nürnberger Reichsparteitagen der NSDAP auch noch opernhaft à la Leni Riefenstahl inszeniert, den Deutschen nicht mehr zur Verfügung steht, ist das eine. Das andere aber ist die Geschichte der deutschen Teilung seit 1945. In den Siebziger- und Achtzigerjahren des vergangenen Jahrhunderts galt sie als unumstößliches Faktum für alle Zeit, ein Fait accompli, mit dem man sich im Westen längst arrangiert hatte. Sogar der sonst so hellsichtige Sebastian Haffner prophezeite am Ende seines Buches »Von Bismarck zu Hitler« noch 1987, eine Wiedervereinigung könne »nur noch im Massengrab stattfinden«, sei also »nicht vorstellbar, nicht einmal theoretisch«.

In gewisser Weise erschien die deutsche Teilung als logische Folge des Zweiten Weltkriegs. In der *Süddeutschen Zeitung* schrieb der leitende Redakteur Robert Leicht, später Chefredakteur der *ZEIT,* im Jahre 1982: »Die Geschichte jedenfalls liefert den Deutschen kein mehr oder weniger zwingendes Gewohnheitsrecht auf Einheit.« Zudem sei das Denken in nationalstaatlichen Kategorien »a priori anachronistisch und insofern im Wortsinn reaktionär«.

Diese erstaunlich ignorante Haltung zog weitere Ignoranz nach sich: Man schaute gar nicht mehr hin, man wollte gar nicht so genau wissen, was in der DDR wirklich geschah. Wer allzu eindringlich an Mauer und Stacheldraht erinnerte, an den Schießbefehl, dem Hunderte Flüchtende zum Opfer fielen, an die Allmacht von Partei und Stasi, der geriet schnell unter Verdacht, ein »kalter Krieger«, ein »Revanchist« und »Antikommunist«, also ein »Ewiggestriger« zu sein, »unverbesserlich rechts«, ja ein Feind des Weltfriedens und der Völkerverständigung. Vor allem für die SPD ist es kein Ruhmesblatt, wie sehr sie im Namen der »Entspannungspolitik« die Freiheits- und Bürgerrechtsbewegungen in Osteuropa ignorierte, ja sogar zu Feinden einer »friedlichen Koexistenz« erklärte.

Der Historiker Rainer Zitelmann hat den »Intellektuellen als Apologeten der Teilung« mehrere Abschnitte seines neuaufgelegten Buches »Wohin treibt die Republik« gewidmet, darunter Walter Jens, Günter Grass, Stefan Heym, Günter Wallraff, Horst-Eberhard Richter und Jürgen Habermas. In einer von Zitelmann zitierten Studie des Politikwissenschaftlers Jens Hacker heißt es zusammenfassend: »In der Tat gehörten die deutschen Dichter und Denker beiderseits des Eisernen Vorhangs zu den eisernsten Wächtern des fortbestehenden Status quo in Deutschland.«

Auch *ZEIT*-Redakteur Jens Jessen resümierte im September 1990: »Nach und nach gewann die deutsche Teilung die Würde einer nationalen Buße, die für die Sünden der Vergangenheit freiwillig zu leisten sei. Die Wiedervereinigung wurde zu einem Tabu, über das nur noch in feststehenden Formeln geredet werden durfte.« Selbst die CDU hatte sich de facto von der Einheit des Landes verabschiedet, sieht man von den üblichen Sonntagsreden ab.

Im postmodernen Trend des Zeitgeists der Achtzigerjahre tauchte die »Nation« nur im negativen Kontext auf – jede positive Perspektive war ideologisch verbarrikadiert. 1985 antwortete Jan Philipp Reemtsma auf die Frage »Lieben Sie Deutschland?«, die zugleich Titel des Buches war: »Halten Sie mich für nekrophil?« Und noch 1990 formulierte die sozialdemokratische Frankfurter Kulturdezernentin Linda Reisch das Fremdeln mit der Nation in zeitgeisttypischer Diktion: »*Freiwillig fahre ich nicht nach Leipzig – nach Mailand schon, wegen der Schuhe.*« Immerhin eine ehrliche Bemerkung. Die italienische Adria war den allermeisten Westdeutschen tatsächlich viel näher als Anklam in Vorpommern, Lissabon näher als Luckenwalde.

In einem Essay für die *taz* berichtete der Schriftsteller und Alt-68er Peter Schneider 1991 von einer denkwürdigen Begegnung mit seiner DDR-Kollegin Monika Maron. Während einer Zugfahrt Mitte Oktober 1989 von Montreal nach Toronto anlässlich eines Schriftstellerkongresses kamen die beiden ins deutsch-deutsche Gespräch. Maron hörte sich Schneiders Einwände gegen eine mögliche Wiedervereinigung, die damals die überwältigende Mehrheit der Intellektuellen teilte, geduldig an und antworte darauf mit einer bestechenden Logik: »Ihr wollt doch nur eure Penthouse-Wohnungen, eure Autobahnen, eure Mercedesse für euch behalten. Während ihr Ferien in der

Toskana macht, sollen wir hinter der Mauer für den Faschismus büßen und über den Weltfrieden wachen? Was fällt dir, was fällt euch eigentlich ein?« Nach dem Gespräch mit Maron tat Schneider etwas Unerhörtes: Er änderte seine Meinung und verkündete zum Entsetzen der angereisten deutschen Journalisten, dass die Mauer wahrscheinlich fallen werde und die Wiedervereinigung danach unvermeidlich sei.

Dass Peter Schneider dreißig Jahre später in seinem Essayband (»Denken mit dem eigenen Kopf«) an diese Anekdote anknüpft, zeigt, dass er zu den wenigen gehört, die Irrtümer eingestehen und reflektieren können.

Die meisten anderen schwiegen einfach, als der Lauf der Geschichte ihnen auf peinliche Weise unrecht gab. Wer wollte sich da noch an Äußerungen erinnern, die ebenso geschichts- wie realitätsblind waren? Etwa Günter Grass, der am 18. Dezember 1989 auf einem SPD-Parteitag sagte, »wieder einmal« sehe es so aus, »als werde vernunftbestimmtes Nationalbewusstsein von diffusem Nationalgefühl überschwemmt; beklommen bis verschreckt nehmen unsere Nachbarn den rücksichtslos herbeigeredeten Einheitswillen der Deutschen zur Kenntnis«.

Oder die damalige Vorsitzende der grünen Bundestagsfraktion, Antje Vollmer, die Anfang 1990 ausgerechnet in der SED-Parteizeitung *Neues Deutschland* barmte: »Wenn nur der Traum der alten Männer nicht so dicht bei meinem Albtraum läge!«

Als der »Albtraum«, die Wiedervereinigung, neun Monate später Wirklichkeit wurde, war die historische Niederlage der Linken komplett. Jedenfalls jener Linken, die in der DDR, wie kritikwürdig sie auch sein mochte, ein Bollwerk gegen die weltweite Ausbreitung des Kapitalismus sahen, während sie selbst die Freiheiten des kapitalistischen Westens in vollen Zügen genossen.

»Wir sind Augenzeugen einer epochalen Entwicklung und wundern uns, dass wir dabei nichts zu sagen haben«, schrieb Daniel Cohn-Bendit in der *taz,* der sich damit kritisch an die eigene Klientel wandte. Die emotionale Ablehnung der Wiedervereinigung sei verständlich, doch sei es falsch, dem »historischen Prozess« mit einem »rückwärtsgewandten Blick« zu begegnen. Im Übrigen sei es schlecht, »auf das Volk zu schimpfen«: »Wir Linken haben mit den kühnsten theoretischen Entwürfen zu formulieren versucht, was die ›objektiven Interessen‹ des Volkes und der Geschichte sind, wie ›die Befreiung der Massen‹ ins Werk zu setzen sei« – nun, da die Massen selbst aktiv geworden waren, war die Linke hilflos und verharrte in den Reflexen der Vergangenheit. Die einstige Avantgarde lief der geschichtlichen Entwicklung hinterher.

Ganz nebenbei offenbarte sich ein weiteres Mal, dass der Wert der Freiheit in Deutschland trotz der großen Tradition all der Kämpfe um sie seit den Bauernkriegen im 16. Jahrhundert geringer geschätzt wird als jener Frieden, der vor allem dazu dient, das eigene Weltbild zu schonen.

>>> <<<

Die Verteidigung des eigenen Weltbilds steht auch heute noch auf dem Programm: »Einigkeit! Recht! Freiheit!« sollte das Motto des »Christopher Street Day« (CSD) in Köln lauten, eine Kurzfassung des Grundgesetzes – es musste wegen linksgrüner Proteste, deren Empörungsbrigaden irgendetwas mit »Nation« witterten, zurückgezogen werden.

Die Reflexe sind intakt. Auf Demonstrationen für »Vielfalt« werden Teilnehmern schwarzrotgoldene Fahnen aus der Hand gerissen, während palästinensische Flaggen als Zeichen der

»bunten Republik« begeistert begrüßt werden – anders als israelische.

Auch Robert Habeck, der grüne Superstar, fand »Patriotismus, Vaterlandsliebe also«, stets »zum Kotzen«: »Ich wusste mit Deutschland nichts anzufangen und weiß es bis heute nicht.« Das war 2010. Da hatte er immerhin schon 41 Jahre in diesem merkwürdigen Land gelebt, also schon etwas »länger« (Merkel). Ein Jahrzehnt später bemüht er sich, den Begriff »Heimat«, sogar den der »Nation«, für seine Partei »zurückzuerobern«. Die Ausgangslage für diesen Versuch könnte günstiger sein, wenn nicht große Teile der Grünen, vor allem der grünen Jugend, immer noch auf dem Stand von 2010 wären, wenn nicht von 1990.

Anders der ehemalige Bundestagspräsident und Sozialdemokrat Wolfgang Thierse. »Heimat und Patriotismus, Nationalkultur und Kulturnation, das sind Begriffe und Realitäten, die wir nicht den Rechten überlassen dürfen«, schrieb er in der *FAZ*. »Sie sind nicht reaktionäre Residuen einer Vergangenheit, die gerade vergeht. Der Blick in die europäische Nachbarschaft und auf den Globus zeigt: Die Nation ist keine erledigte historische Größe … In Zeiten dramatischer Veränderungen ist das Bedürfnis nach sozialer und kultureller Beheimatung groß. Eine Antwort auf dieses Bedürfnis ist die Nation. Das nicht wahrhaben zu wollen, halte ich für elitäre, arrogante Dummheit.«

››› ‹‹‹

»Heimat« gehört zu jenen Reizwörtern, die jahrzehntelang Teil eines toxischen Vokabulars waren. Wem da nicht sofort wieder die Nazis einfielen, Blut und Boden, dunkelbraune Ackerscholle und oberschlesische Heimatvertriebene aus Oppeln, dem war nicht zu helfen. Ganz zu schweigen vom »Heimatfilm« der 1950er-Jahre, deren Titel allein schon das Fürchten lehrten: »Der Förster vom Silberwald«, »Wo der Wildbach rauscht«, »Einmal noch die Heimat sehn«, »Die Sennerin von St. Kathrein«. Wenn dann noch hinterm Jägerzaun gejodelt wurde und nach dem Sonntagsgottesdienst der Sauerbraten mit Kartoffelklößen im »Goldenen Hirschen« auf dem Holztisch dampfte, war die deutsche Spießerhölle perfekt.

Zur historischen Wahrheit gehört allerdings, dass mindestens zwei Generationen, die in ihrer Kindheit auch noch mit Lederhosen, kratzenden Woll-Kniestrümpfen, volkstümlichen Schlagern und Topfhaarschnitten à la Mama traktiert wurden, sich zur Flucht entschlossen: die späteren 68er und die jüngeren »Babyboomer«, die nun ihrer Rente entgegensehen. Natürlich war es jeweils nur ein Teil dieser Alterskohorte, die die bedrückende autoritäre Enge – so empfanden sie es jedenfalls – nicht mehr ertragen wollten. Aber der kulturrevolutionäre Protest der Sechziger- und Siebzigerjahre mit langen Haaren, Rockmusik und antibürgerlicher Attitüde prägt bis heute den Zeitgeist von Liberalisierung und Selbstverwirklichung bis hin zur queer-LGBTIQ-kompatiblen »Identitätspolitik«, bei der jeder die Zugehörigkeit zu einer anderen, von der Gesellschaft angeblich diskriminierten Opfergruppe für sich reklamiert.

In ihrem selbstgewählten Exil, ob in Berlin, Frankfurt, Köln oder Hamburg, bauten sie sich rasch eine neue Heimat auf, ohne dass man diesen Begriff auch nur im tiefsten Unterbewusstsein hätte lokalisieren können. Stattdessen gab es »die Szene«, ob linksradikal oder alternativ, untereinander verbunden durch ein ganzes Netz aus Läden, Kneipen, Projekten, Wohngemeinschaften und Landkommunen, eine Infrastruktur, die zugleich ein Milieu war, Lebenswelt, Aktionsraum und sozialer Zusammenhang, kurz: Gemeinschaft. In der gab es zwar einen stets fragilen »Putzplan«, aber keine Kehrwoche. Und schon gar keinen Sonntagsbraten.

Einige unternahmen einen zweijährigen Trip nach Afghanistan oder Indien, nicht wenige landeten beim Sektenführer Bhagwan Shree Rajneesh in Poona, wo sie der Moment der Erleuchtung zuweilen blitzartig beim Putzen der Toilette des Meisters traf. Die Zahl der Italienischkurse mit mehrwöchigem Strandaufenthalt in Terracina explodierte, und die sogenannte »Dritte Welt« wurde zur Projektionsfläche revolutionärer Hoffnungen, die auch ganz persönliche Sehnsüchte befriedigte. Hauptsache, man war möglichst weit weg von der Heimat.

Es gehört zu den Absurditäten der politischen Debatte in Deutschland, dass Geflüchtete und Migranten wie selbstverständlich von ihrer Heimat erzählen und womöglich eines Tages dorthin zurückkehren wollen – hier aber auf Menschen, darunter auch Flüchtlingshelfer treffen, die, um es milde auszudrücken, Schwierigkeiten haben, von ihrer eigenen Heimat zu sprechen, also über den Ort, wo sie aufgewachsen sind, zum ersten Mal geküsst wurden, den schlimmen ersten Kater und den ersten Liebeskummer überstanden haben.

Das, was die Gesellschaftswissenschaft akademisch-abstrakt »Sozialisation« nennt, findet zunächst nirgendwo anders als im Dorf oder im Großstadt-Kiez statt, in der umgebenden Landschaft, in der Schule, unter Freunden und im Sportverein, im Club, in der Stammkneipe und an der Bushaltestelle – von den unvermeidlichen Familien- und Verwandtschaftsbanden nicht zu reden, die manchmal zum traumatisierenden Lebensschicksal werden können.

Eine Winzigkeit hätte die ideologischen Heimatflüchtlinge allerdings schon früh irritieren müssen. Man konnte darauf wetten: Wenige Tage vor Weihnachten leerten sich auf geheimnisvolle Weise die Wohngemeinschaften. Zuvor wurden am Telefon längere Gespräche mit den Eltern geführt, bei denen auch Soziologie- und Germanistikstudenten unversehens ins Schwäbische oder Pfälzische zurückfielen, was ihnen bei Seminar-Diskussionen über Adorno und Horkheimer niemals passierte. Manch ein WG-Genosse erfuhr erst auf diese Weise, aus welchem oberhessischen Provinznest der Zimmernachbar kam, der bei Uni-Vollversammlungen im Hörsaal stets rhetorische Glanzpunkte setzte.

Pünktlich zu Silvester waren die meisten dann wieder da und hatten größere, gut verschnürte Pakete mit Christstollen, Saarländer Schwenkbraten und selbstgemachten Maultaschen im Gepäck. Das Kollektiv freute sich über die reichhaltige Lebensmittellieferung vom Lande, und dann ging es weiter mit der Weltrevolution.

Dass nun die Grünen die Heimat rehabilitieren wollen, hängt nicht nur mit taktischen Erwägungen zusammen, der AfD das Wasser am Brunnen vor dem Tore abzugraben, sondern auch mit dem Öko- und Bio-Boom, mit der Forderung, »regional« einzukaufen und lieber in der Uckermark Urlaub zu machen als in Umbrien. Ob Klima oder Corona – Fernreisen sind nicht mehr der coole Megatrend.

Die abenteuerlustigen Globetrotter, die einst Goa und Bali erforschten, durchstreifen nun Hunsrück, Eifel und Schwarzwald. Nicht wenige entdecken erst jetzt jene deutschen Landschaften, durch die sie bisher auf dem Weg ans Mittelmeer auf der Autobahn mit Tempo 160 gebrettert sind, ohne nach links oder rechts zu schauen. Auch das ist nun ein No-Go geworden.

Die wochenlangen Fahrten mit dem VW Bulli durch halb Europa sind nur noch Teil der klimaschädlichen Hippie-Vergangenheit.

Heute wissen wir, dass auch der Oder-Neiße-Radweg seine Reize hat. Ebenso das Wandern. Einst als spießige Freizeitbeschäftigung von Rentnern im Retro-Jacken-Look verschrien, erlebt es nun im Zuge der neuen, naturnahen Outdoor- und Fitness-Kultur eine Renaissance. Der dunkle deutsche Eichenwald, den Elias Canetti in »Masse und Macht« als »stehendes Heer« bezeichnet hatte, ist nun wieder ein geheimnisvoller Ort, den schon die Romantik besungen hat – und Goethe mit seinem berühmtesten Gedicht: »*Über allen Gipfeln/ Ist Ruh', In allen Wipfeln/Spürest Du/ Kaum einen Hauch*«…

Ausgerechnet im *Spiegel,* dem ohne jeden Zweifel linken Zentralorgan gegen Deutschtümelei und reaktionäre Naturromantik, erschien unlängst das erstaunliche Bekenntnis eines Deutschland-Wanderers, des 1978 in Leipzig geborenen Filmemachers Enno Seifried, der ganz unbefangen von »unserer Heimat« spricht und sich selbst darüber wundert, dass nicht nur die portugiesische Landfrau, sondern auch der gemeine Brandenburger Landsmann ein netter, gastfreundlicher Mensch sein kann:

»Wie vielfältig und abwechslungsreich unsere Heimat zwischen Küste und Haldenwanger Eck ist. Es war so beeindruckend, beim Gehen zu merken, wie sich die Landschaft verändert. Und mich hat die Offenheit der Menschen unterwegs sehr überrascht. Obwohl wir vermutlich völlig unterschiedliche Leben führen und wir wenig miteinander gemein haben, haben sich unterwegs herzliche Gespräche ergeben. Ich bekam Einladungen. So wies mir in Brandenburg ein Mann den Weg zu einem besonders schönen Schlafplatz. Am nächsten Morgen stand

er bei mir vorm Zelt und hatte Frühstück mitgebracht. Es ist schon komisch: Ständig begeistert uns die Gastfreundschaft der Menschen in fernen Ländern. Dabei existiert sie hierzulande genauso. Im eigenen Land macht man sich nur so selten auf, sie zu erfahren.«

Vermutlich würde kein Franzose aus dem Languedoc und keine Italienerin aus Kalabrien derart erstaunt sein, dass es auch in der Bretagne und in Apulien freundliche Menschen gibt. Aber klar: Der deutsche Selbstverdacht, der bei Bedarf zum Selbsthass werden kann, nistet tief, und sage niemand, dass er nicht ähnliche Ressentiments in sich trüge. Mancher Zeitgenosse, auch manche Zeitgenossin, macht es einem tatsächlich ziemlich schwer, wenigstens im Nahbereich patriotische Gefühle zu entwickeln.

Lange Zeit machte dieser Mangel auch dem deutschen Wein zu schaffen, der im eigenen Land wenig galt. Wie stolz dagegen sind die Franzosen auf ihr »Terroir«, auf die möglichst ideale Balance von Bodenbeschaffenheit, Klima und Landschaft! Doch die Weingebiete der Pfalz, dort, wo es Saumagen gab und Helmut Kohl wohnte, waren hierzulande politisch geradezu kontaminiert und weckten, abseits der Weinregionen, schon gar keine heimattreuen Geschmacksnerven. Im Gegenteil. Am Moselwein klebte der Ruf, zu süß und womöglich gezuckert zu sein. Die bekannteste Marke hieß »Kröver Nacktarsch«, was schon beinah alles sagte, und wurde gerne von Kriegerwitwen gebechert, die im Übrigen auch dem halbtrockenen Söhnlein-Sekt »Brillant« zusprachen, wenn sich der Todestag des lieben Ehemanns jährte.

Im schroffen Gegensatz dazu standen die Strandgelage der jugendlichen Sturm- und Drang-Fraktion mit Lambrusco und

Chianti aus großen Korbflaschen, die man damals für besonders authentisch, besonders italienisch hielt. Heute würde man sagen: weltoffen und divers. Motto: anders trinken, besser leben. Später folgten, mit mehr Geld und Finesse, Frascati, Pinot Grigio, Verdicchio und Vernaccia di San Gimignano; für echte Kenner mit Aktiendepot schließlich Dolcetto d'Alba, Barolo Riserva, Vino Nobile di Montepulciano, Amarone della Valpolicella und Primitivo di Manduria. Allein der Klang versprach eine Welt, die mit Müller-Thurgau und Scheurebe nichts gemein hatte.

In den Achtzigerjahren entstand wie aus dem Nichts die »Toskana-Fraktion«, ein freischwebendes Milieu linker Journalisten, Intellektueller und Politiker, die mit dem regelmäßigen Verzehr von Pinot Grigio einen doppelten Distinktionsgewinn demonstrieren wollten: mediterrane Weltläufigkeit und einen progressiven Hedonismus, der sich vom politischen Dogmatismus der eigenen Vergangenheit mindestens so stark unterscheiden sollte wie ein halbtrockener Dornfelder mit Schraubverschluss vom Brunello di Montalcino anno 1998. Nun waren auch die linksliberalen Weißweintrinker mit Revolutionshintergrund in Arkadien angekommen, selbst wenn sie bei ihrem Lieblingskellner Luigi in Frankfurt-Bockenheim nur ein Glas Bianco di Toscana bestellten.

Inzwischen genießt der deutsche Weißwein Weltruf. Etliche Grauburgunder aus der Pfalz laufen dem italienischen Pinot Grigio locker den Rang ab, und Weingüter aus Rheinhessen sind zu Pilgerstätten für die globale Wein-Community geworden. Die unzähligen Weinmessen, auf denen sich die Winzer des Landes präsentieren, haben sich zu veritablen Orten deutscher Leitkultur entwickelt, die zur späteren Stunde ein geradezu südliches Flair verströmen. Dass daran vor allem die hervorragende Qualität des Weines schuld ist, hat sich inzwischen auch in habituell unpatriotischen Kreisen herumgesprochen.

>>> <<<

Noch komplizierter ist die Gemengelage beim Fußball, die so nur in Deutschland denkbar ist. »Fußball ja, Nation nein! lautet der linke Konsens – ein Dilemma, solange es Nationalmannschaften gibt«, resümierte der *Spiegel* 2014, wenige Wochen, bevor die deutsche Fußballnationalmannschaft die Weltmeisterschaft in Brasilien gewann. Die damalige Juso-Vorsitzende Johanna Uekermann, heute Präsidiumsmitglied der SPD, kritisierte den »Wettstreit der Nationen« auf dem grünen Rasen ganz grundsätzlich – sollte denn nicht genau der überwunden werden?

Für die *taz* war schon das 2006 allseits gefeierte »sogenannte Sommermärchen« der gefährliche »Dammbruch des prononcierten Patriotismus«, die nur scheinbar harmlose Schwester des Nationalismus. Die »Nation« aber, so wetterte das einstige Alternativblatt im Mai 2018, sei »ein poröser Klumpen zweifelhaften Glanzes, mehr Gefühl als Idee, dem anzugehören ein Geburtsrecht ist, das noch jede Unzulänglichkeit in Status und Vermögen, jede Zurückgesetztheit, jede Erniedrigung der eigenen atomisierten Existenz zu überstrahlen vermag«. Das poröse Ding gehört also, wie die *taz*-Kolumnistin Hengameh Yaghoobifarah auch der Polizei nahelegt, auf den Müllhaufen der Geschichte.

Die schwarzrotgoldene Fahne schließlich, die sich besonders zu Europa- und Weltmeisterschaften strikt anlassorientiert einer erhöhten Beliebtheit erfreut, ist für das Nachwuchsorgan der deutschen Presse nichts weiter als ein »albernes Stück Stoff«, das, was »sie schon immer war: ein Euphoriefetzen«.

Nur konsequent sind deshalb Widerstandsaktionen gegen dieses peinliche Stück Tuch, das häufig an politisch fehlgeleiteten Kraftfahrzeugen flattert. »Lieber Autofahrer. Ich habe Ihre Nationalfahne entfernt. (...) Sie produziert Nationalismus«, steht dann wenig gendergerecht auf den ersatzweise angebrachten Flyern, und regelmäßig warnen Jusos wie die Linksjugend vor dem »nationalistischen Hype«, der schon mit dem kosmetischen Einfärben der Wangen junger Frauen beginne. Ihr unumstößliches Credo: »Patriotismus führt zum Nationalismus.«

Wer hier die überwältigende Schlichtheit des Gedankens moniert, kann sich durchaus noch an Szenen aus den Siebzigerjahren des vergangenen Jahrhunderts erinnern, als in fortschrittlichen Kreisen ungehemmter Jubel über ein Tor der deutschen Mannschaft gegen Ghana oder Kamerun nicht gerne gesehen, also meistens unterdrückt wurde. Sofern es überhaupt weibliche Zuschauerschaft gab, schlug sie sich selbstverständlich auf die Seite der unterprivilegierten, oft auch ein bisschen undisziplinierten afrikanischen Mannschaft, während Männer, die den double-bind zwischen Torfreude und Solidarität mit der Dritten Welt nicht durchgehend aushielten, beim nächsten Toilettengang heimlich, still und leise die »Boris-Becker-Faust« ballten, die damals allerdings noch gar nicht diesen Namen trug.

Unvergesslich der Streit über ein Flugblatt des Allgemeinen Studentenausschusses (AStA) der Johann Wolfgang Goethe-Universität in Frankfurt am Main anlässlich der Fußballweltmeisterschaft 1978 in Argentinien, einem Land, das damals von einer brutalen Militärjunta regiert wurde. Ein doppelter Zwiespalt forderte die Formulierungskunst heraus: einerseits der notwendige Protest gegen das Folterregime, andererseits die Vorfreude auf die WM. Dazu kam ein zweiter Konflikt, ein Nebenwiderspruch neomarxistischer Prägung: War Fußball, dieser machohafte, nationalistische Männersport, überhaupt ein zulässiger Grund zur Freude in dieser historischen Situation? So fragten jedenfalls die Frauen und wiesen mit Verve die unter den Genossen konsensfähige Überschrift »Fußball ja, Folter nein!« zurück. Nach langen Verhandlungen einigte man sich schließlich auf die Zeile »Fußball naja, Folter nein!«

Ein böses Omen, dem die »Schmach von Cordoba« auf dem Fuße folgte, die peinliche 2:3-Niederlage gegen Österreich in der Zwischenrunde: das WM-Aus. Es war zugleich das Ende der Fußballer-Generation von Sepp Maier, Georg »Katsche« Schwarzenbeck und Berti Vogts.

〉〉〉 〈〈〈

Danach fuhren die meisten eher mäßig gelaunt in den Urlaub – traditionell ein weiterer Hotspot deutscher Selbstfindung. Der Teutone im Ausland ist ein weites Feld. Nach den beiden Weltkriegen kam es dabei zu historischen Begegnungen: Nicht wenige Soldaten der ehemaligen Nazi-Wehrmacht kehrten nach 1945, oft schon in den Fünfzigerjahren, an die Stätten ihres einstigen Wirkens zurück – dieses Mal statt mit Panzer und Feldhaubitze im VW Käfer oder Opel Kadett, nicht im Kampfverband der Brigade, sondern mit Frau, Kind und wackeligem Dachgepäckträger.

Vor allem in Frankreich ergaben sich unter südlicher Sonne, etwa an der Atlantikküste zwischen Bordeaux und Biarritz, einem Teil des früheren deutschen »Westwalls«, irritierende Momente. Auf den auch nach Jahrzehnten noch intakten, in den Sand des Seekiefernwaldes einbetonierten »Kradmelder-Wegen« parallel zur Küste radelten nun deutsche Touristen auf ihren Hollandrädern, nachdem sie mit dem Auto auf den gleichfalls betonharten, wenn auch schon etwas löchrigen Panzerstraßen der ehemaligen Wehrmacht bis vor die Düne gefahren waren. Am Strand stand zu Füßen der Düne die eine oder andere Bunkerruine, die bis heute Wind und Wetter trotzt. Dort, wo nun Touristen aus Bielefeld Volleyball spielen, hatten die deutschen Soldaten auf die Landung der alliierten Truppen gewartet, die dann überraschenderweise etwa 700 Kilometer weiter nördlich stattfand.

Auf all das passt das gängige Wort von der »Ironie der Geschichte« nicht wirklich, weil es eher Glück, ja ein Wunder war, dass nur zu verständliche antideutsche Ressentiments der Franzosen – hier und da eine Armbewegung zum höhnischen Hitlergruß oder ein vereinzelter »Nazi«-Ruf – die seltene Ausnahme blieben. Andererseits benahmen sich kurzbehoste deutsche Touristen auch nicht immer »achtsam« und sprachsensibel. »Ich krieg zwei Rumpsteaks, aber gut abgehangen«, verlangte ein forscher Landsmann an der Theke einer südwestfranzösischen Bouchérie im deutschen Originalton, den Einheimische noch aus den täglichen Meldungen des Oberkommandos der Wehrmacht im Ohr hatten. Auch im Restaurant war noch lange Zeit später das Bemühen, wenigstens ein paar nützliche Brocken Französisch zu lernen, nur marginal ausgeprägt.

Das wiederum mobilisierte die antideutschen Ressentiments peinlich berührter Bundesbürger, die sich nur umso intensiver in die Zeitungslektüre von *Le Monde* vertieften, je hilfloser die hungrigen Landsleute am Nachbartisch versuchten, trotz der französisch abgefassten Speisekarte durchgehend auf

Schwäbisch zu bestellen: eine echte Herausforderung für beide Seiten. Doch der patriotische Impuls, mit den eigenen Sprachkenntnissen auszuhelfen, wurde von einem nicht abzuschüttelnden antipatriotischen Strafbedürfnis konterkariert: Sollen sie doch selbst zurechtkommen, die braven Schwaben, die ja angeblich alles können außer Hochdeutsch! Und tatsächlich, einige Minuten später standen schon die ersten Vorspeisen auf dem Tisch. Vielleicht war es der Beginn einer neuen, wundervollen deutsch-französischen Völkerfreundschaft.

Zufällige Auslands-Begegnungen mit sogenannten Landsleuten standen gleichwohl unter einem schlechten Stern, weil die Spiegelung ethnokultureller Eigenarten rasch zu schamvollen Abwehr- und Fluchtreflexen führte. Dabei ging es nicht nur um grobe Umgangsformen und weiße Tennissocken, sondern auch um eine identitätsstiftende Abgrenzung. Man wollte sich bloß nicht vereinnahmen, mit *solchen Leuten* in einen Topf werfen lassen, weil sich, erst recht unter südlicher Sonne, zeigte, dass man ganz anders war, am liebsten eben gar nicht »deutsch«, was immer das genau sein sollte.

In dieser Haltung ließ man sich auch nicht durch Urlaubserlebnisse mit Engländern und Holländern irritieren, die, jedenfalls in geballter Mannschaftsstärke, nicht unbedingt sympathischere Zeitgenossen waren als die spätgermanischen Sandalenträger mit Badetuch und Bierbauch. Langjährige ethnologische Studien am lebenden Objekt legten das jedenfalls nahe.

>>> <<<

Dennoch blieb die Frage, was nun eigentlich wirklich »deutsch« sei, unbeantwortet. Der alleinige Rückgriff auf Hirschgeweih

und Kulturnation, rheinischen Sauerbraten und Franz Beckenbauer, Dürer und Bach ist angesichts der gesellschaftlichen Zustände anno 2021 nicht mehr erfolgversprechend.

Aber was dann? Und wo bleibt das Positive und Allgemein-
gültige? Genauer: Was ist von den geschichtlichen Traditionen
geblieben? Worauf können wir uns stützen? Ist ein Deutsch-
landbild denkbar, das ohne Peinlichkeitsfaktor auskommt? Bei
aller Kritik einigermaßen souverän und selbstbewusst? In
seinem Buch »Deutschland denken« versuchte der Berliner
Historiker Paul Nolte es schon vor Jahren mit dem Begriff
der »reflektierten Republik« und einem »Patriotismus der Zu-
kunftsgestaltung und Selbstverbesserung«, in dem sich »ein
neuer Realitätssinn« mit der Leidenschaft für das eigene Gemeinwesen verbände. Treffend gesagt, aber für den Alltagsge-
brauch ähnlich unhandlich wie das Wort vom »Verfassungs-
patriotismus«, das Dolf Sternberger und Jürgen Habermas
geprägt haben. Für den Urlaub ist es schon gar nicht geeignet.

Bereits vor zwanzig Jahren gab es eine erhitzte Debatte über
die Notwendigkeit einer deutschen »Leitkultur«, vom damali-
gen Vorsitzenden der CDU/CSU-Bundestagsfraktion, Friedrich Merz, angestoßen, der den Begriff von Bassam Tibi, einem
aus Syrien stammenden Politikwissenschaftler, übernommen
hatte. Tibi war freilich von einer »europäischen Leitkultur«
überzeugt. Seine einleuchtende Formel lautete: »Wertekon-
sens als Hausordnung«. Sie kommt ohne Königsberger Klopse
und Feierabendbier in der Eckkneipe aus, ist aber unerlässlich
für jegliche Form gesellschaftlicher Integration. Heute mehr
denn je.

Es war ein anderer Migrant, der über viele Jahre mit einer
islamischen Fatwa belegte Schriftsteller Salman Rushdie, der
nach den islamistischen Terror-Attentaten des 11. September

2001 den Kernbestand dieser Leitkultur, kurz: der westlichen Freiheit, in wenige, sehr anschauliche Worte fasste: »Küssen in der Öffentlichkeit, Schinken-Sandwiches, öffentlicher Streit, scharfe Klamotten, Literatur, Großzügigkeit, Wasser, eine gerechte Verteilung der Ressourcen der Welt, Kino, Musik, Gedankenfreiheit, Schönheit, Liebe.«

In anderen Worten: Die großen Traditionen der europäischen Aufklärung verbunden mit dem Recht auf »The Pursuit of Happiness«, das Thomas Jefferson in die amerikanische Unabhängigkeitserklärung von 1776 schrieb – das individuelle Recht jedes Einzelnen, nach Glück zu streben. Noch ein wenig hochtrabender: französische »Zivilisation« und deutsche »Kultur«, Voltaire und Thomas Mann, dazu der »amerikanische Traum« plus Woody Allen, B. B. King, Billie Holiday und Charlie Chaplin.

Die Gretchenfrage, etwas akademisch formuliert, lautet: Wie muss ein pluralistisches Gemeinwesen gestaltet sein, um ein Zusammenleben verschiedener Lebensformen, kultureller Praktiken und moralischer Vorstellungen zu ermöglichen, ohne dass die Gesellschaft in voneinander abgeschottete Subkulturen zerfällt?

Der Kommunikationswissenschaftler Norbert Bolz hat darauf eine ziemlich präzise Antwort: »Deutsch sprechen können und sich an die Gesetze halten – was noch? Wer zahlt, wählt, lernt und sich an die Gesetze hält, muss gar nicht mehr integriert werden – er gehört schon dazu. Mehr an gesellschaftlicher Homogenität gibt es nicht.« Und er fügte hinzu: »Wir müssen heute lernen, Kultur nicht als Identität, sondern als Differenz zu verstehen.«

Freilich bliebe das logische Problem, wie Differenz ohne Identität zu praktizieren wäre.

Dennoch kein schlechter Hinweis, aber er prallt bis heute immer wieder an jener – dann doch sehr deutschen – Spezialmischung aus Schuldbewusstsein, Moralisierungsdrang und antrainierter Feigheit ab, die trotz aller Sonntagsreden zu »Zivilcourage« und »Weltoffenheit« meist die Oberhand behält. Das Schwimmen im Strom der Mehrheitsmeinung, und sei sie auch nur medial vermittelt, ist das wesentliche Merkmal dieser Haltung, die stets von der Angst geprägt ist, »Beifall von der falschen Seite« zu bekommen – mit der Konsequenz, dann selbst auf der »falschen« Seite zu stehen, jedenfalls in der Wahrnehmung der Mehrheit.

Immer wieder ist die Neigung zu beobachten, sich lieber hinter wohlfeilen, teils heuchlerischen, Tartuffe-artigen Selbstbezichtigungen zu verbergen, als sich durch Aussagen persönlich angreifbar zu machen, auch wenn sie der Wahrheit entsprechen oder unbestreitbare Probleme artikulieren. So bezichtigte sich unlängst eine Moderatorin des Fernsehmagazins *kulturzeit* auf 3Sat bei der Ankündigung eines Beitrags über Rassismus ausdrücklich, »eine Weiße« zu sein – offensichtlich in dem Bestreben, so ihr tägliches Pensum an demonstrativem Antirassismus zu absolvieren.

Es war nur eine kleine Szene, aber sie dokumentierte anschaulich, dass es hier gar nicht mehr um den Widerstreit von Argumenten geht, um Wahrheit und Erkenntnis, sondern darum, sich rechtzeitig vor einschlägigen Twitter-Attacken in Sicherheit zu bringen und, na klar, aufseiten der Guten zu stehen. Es war charakteristisch für die grassierende Bigotterie, dass die Redaktion, zuverlässig im Strom des linken Zeitgeists paddelnd, gar nicht auf die Idee gekommen war, eine ihrer vier ausschließlich weiblichen Moderatorinnen kurzfristig durch eine »BPoC«-Kollegin, etwa eine schwarze Jamaikerin mit indischen Wurzeln, zu ersetzen, die in Stuttgart-Degerloch aufgewachsen ist. So weit will man es mit der Diversität dann auch nicht treiben.

Doch selbst »biodeutsche« Kulturschaffende bezeichnen sich inzwischen freiwillig als »Kartoffel« oder »*Alman*« – offensichtlich abwertende Zuschreibungen, wie sie etwa von Ferda Ataman, zweite Vorsitzende des von Bundeskanzleramt, Innen- und Familienministerium mit rund 1,3 Millionen Euro geförderten Vereins »Neue Deutsche Medienmacher*innen« und ehemalige Referatsleiterin des früheren Integrationsministers in Nordrhein-Westfalen und jetzigen CDU-Vorsitzenden Armin Laschet, gerne verwendet werden.

Zu Beginn der Corona-Pandemie spekulierte sie via Twitter, dass beim Kampf um Intensivbetten die Migranten hintanstehen würden: »Ich habe irgendwie eine Ahnung, welche Bevölkerungsgruppen in Krankenhäusern zuerst behandelt werden, wenn die Beatmungsgeräte knapp werden.« Eine perfide antideutsche Äußerung, die man rechten Autoren umgehend als »menschenverachtende Volksverhetzung« um die Ohren hauen würde. Der Integrationsforscher am Berliner Wissenschaftszentrum für Sozialwissenschaften, Professor Ruud Koopmans, nannte Ataman daraufhin »eine Hasspredigerin, die sich wirklich für keine, sei sie noch so schäbige Unterstellung schämt«. Gegenüber der *Welt* sagte sie später, sie »bedaure«, wenn das »missverstanden« wurde.

Genau ein Jahr später, im März 2021, wies Lothar Wieler, der Chef des Robert-Koch-Instituts, auf den Umstand hin, dass der Anteil von Intensivpatienten mit Migrationshintergrund weit überproportional »hoch« sei – in der Bundesregierung sei das allerdings ein »Tabu«. Wenig später nahm er diese Äußerung kleinlaut zurück.

Der neue deutsche Konformismus zeigt sich auch im Kleinen, etwa wenn Fernsehschaffende wie der TV-Autor und Moderator Micky Beisenherz sich reumütig mit deutschem Knollengemüse vergleichen, weil sie Gast einer Unterhaltungssendung waren, in der es auf intellektuell suboptimalem Niveau um die weitere Verwendung der Bezeichnung »Zigeunersauce« ging.

Inzwischen brandmarken sich sogar Deutsche mit Migrationshintergrund öffentlich als »strukturell rassistisch«. Die schwarze 29-jährige Jungredakteurin der *Berliner Zeitung* Maria Häußler bekannte in einem Essay voller Selbstanklage: »Obwohl mir als Betroffene bewusst ist, wie Rassismus in meinem Umfeld wirkt, konnte ich auch bei mir selbst einen inneren Abwehrmechanismus beobachten: Ein impliziter Assoziationstest ergab, dass ich weiße Gesichter stark bevorzuge. Sowohl in der Kategorie ›Color‹ als auch ›Race‹ brauchte ich länger, um positive Begriffe schwarzen Gesichtern zuzuordnen als weißen und umgekehrt. Ich wiederholte den Test immer wieder, weil ich es nicht wahrhaben wollte.«

Hier ist der Schritt zur körperlichen Selbstgeißelung, zum offenen Flagellantentum nicht weit. Dass Böse, die Sünde, lauert in jedem Einzelnen. Der antirassistische Kampf, der immer mehr zum zentralen Paradigma der gesellschaftlichen Auseinandersetzung avanciert und dabei zur Delegitimierung des Westens und seiner Werte instrumentalisiert wird, nimmt religiöse, geradezu lutherisch-protestantische Züge an. Er wird gleichsam ins Innere des Menschen verlagert, der sich ununterbrochen, bei jeder Begegnung mit anderen, bei jedem Gedanken und bei jedem unwillkürlichen Reflex Rechenschaft ablegen und im Zweifel Schuld empfinden muss.

Die Nazis nannten das den »inneren Schweinehund«, vor

allem dann, wenn Massenerschießungen bevorstanden. Heute, in queer-feministischen Friedenszeiten, läuft das Konzept auf eine unablässige interne Selbstkontrolle hinaus, bei der es nicht mehr erlaubt wäre, eine schwarze Frau unattraktiv zu finden, einen Juden für dumm oder einen arabisch sprechenden Taxifahrer für einen ortsunkundigen Macho-Blender zu halten. Womöglich zählt dann eine neue Handy-App auch noch die Anzahl der Blickkontakte, fein differenziert zwischen weißen, gelben, schwarzen und braunen Gesichtern und den 77 verschiedenen sozialen Geschlechtern.

Die Berliner Künstlerin Moshtari Hilal, 1993 in Kabul geboren, und der Autor Sinthujan Varatharajah mit sri-lankischem Migrationshintergrund gehen noch einen Schritt weiter und drehen den Spieß einfach um: Sie wollen, dass »Biodeutsche« künftig als »Menschen mit Nazi-Hintergrund« oder »Menschen mit Genozid Hintergrund« bezeichnet werden. Offenbar versprechen sie sich davon einen Distinktionsgewinn im antirassistischen Kampf.

»Weiß« oder schlicht »deutsch« ist inzwischen zum Schimpfwort geworden, zum leichthändigen Vorwurf, zur Generalanklage. Das neue Programm der »Critical Whiteness« bedeutet, sich mit seiner Weißheit (nicht: Weisheit) kritisch auseinanderzusetzen, am besten unter praktischer Anleitung eines PoC (»People of Color«), zu Deutsch: einer »farbigen« Person.

Bento, das aufgeweckte Jugendmagazin bei Spiegel online, das inzwischen eingestellt wurde, hatte weiße junge Männer gefragt, wann sie ihr Weißsein zum ersten Mal bewusst wahrgenommen hätten und was das mit ihnen gemacht habe. Der eine oder andere schien regelrecht schockiert gewesen zu sein, als er bemerkte, dass er ein gesunder, gutaussehender, gebildeter, privilegierter junger weißer Mann war. Dieser Berg an Schuld ruft geradezu danach, lebenslang abgearbeitet zu werden.

>>> <<<

Auch der nicht mehr ganz so junge Blogger Sascha Lobo, 1975 in West-Berlin geboren, bezichtigt sich und seinesgleichen inzwischen als »Weißdeutsche« und »Knalldeutsche«, was immer das heißen mag. Auf jeden Fall handelt es sich hier um Antirassismus im Selfie-Modus, opportunistische Unterwerfung als narzisstische Selbsterhöhung.

Am ersten Jahrestag des mörderischen Amoklaufs von Hanau, bei dem der unter einer paranoiden Schizophrenie leidende Täter neun Migranten, seine Mutter und am Ende sich selbst erschossen hatte, schrieb die Autorin Aida Baghernejad im einst gutbürgerlichen Berliner *Tagesspiegel*, in Deutschland höre »es nie auf«. Rassismus werde »gepflegt wie ein liebgewonnenes Kulturgut«, Diskriminierung »weiter lustvoll zelebriert.« Ein klassischer Generalverdacht, der dem bekämpften Rassismus zum Verwechseln ähnlichsieht.

Die schreckliche Tat, die bei den Angehörigen tiefe Wunden hinterlassen hat, wurde in einer beispiellosen medialen Kampagne zum Fanal des »strukturellen Rassismus« in Deutschland erklärt. In einer Analyse des Bundeskriminalamts (BKA) vom März 2020, aus der die *Süddeutsche Zeitung* zitierte, hieß es gleichwohl, der Täter sei in erster Linie nicht von einer rechtsextremen Gesinnung getrieben worden. Er habe seine Opfer vielmehr ausgewählt, um möglichst viel Aufmerksamkeit für seine kruden Verschwörungstheorien zu bekommen. Rassismus sei nicht das Hauptmotiv gewesen. Im Vordergrund habe seine Wahnidee gestanden, ein Geheimdienst überwache ihn seit frühester Kindheit und eine »Geheimorganisation« würde sich in sein Gehirn »einklinken«, um seine Gedanken zu lesen. Im allgemeinen Medienhype um den »rassistischen Massenmord« *(Deutschlandfunk)* gingen diese Details allerdings unter.

Derweil prangten an der Fassade des Schauspiel Frankfurt, nur ein paar hundert Meter entfernt von Goethes Geburtshaus, aus aktuellem Anlass in großen Lettern die Worte *»Deutsch mich nicht voll«* – kein Graffito, sondern eine offizielle Auftragsarbeit des Künstlers Naneci Yurdagül. Theaterliebhaber fragten sich im Vorübergehen, ob das auch ein Fingerzeig für künftige Inszenierungen sein könnte: Wenn Goethes Faust im Studierzimmer hervorstößt »Das also war des Pudels Kern! Ein fahrender Skolast! Der Kasus macht mich lachen« – antwortet dann Mephistopheles künftig: *Deutsch mich nicht voll, Alder!?*

Der französische Publizist Pascal Bruckner hat diese Form der Selbstverkleinerung schon als das »Schluchzen des weißen Mannes« charakterisiert, dem als Identitätsangebot nur noch Schuld und Reue bleiben. Das ist das neue Basislager, von dem aus all die Uneinsichtigen unter moralischen Dauerbeschuss genommen werden können.

»Da ist eine gewaltige Umerziehungsbewegung im Gange«, resümierte Bruckner jüngst. »An den Universitäten und in den Medien, die von denjenigen, die man die Weißen nennt, nun verlangt, sich selbst zu verleugnen. Noch vor dreißig Jahren hatte man sowohl rechts als auch links noch genügend Vernunft, um über diesen Unfug lachen zu können.«

»Wo eine symbolische Handlung als reale Tat genommen wird, dient sie allein dazu, das eigene Gewissen zu beruhigen, ohne die Wirklichkeit auch nur anzukratzen«, kommentierte

Henryk Broder bereits vor zwanzig Jahren derartigen Pseudo-Aktivismus, der an Hannah Arendts Wort von der »felix culpa« erinnert, jene »glückliche Schuld«, die der Philosoph Hermann Lübbe auch »Sündenstolz« genannt hat. Diese Begriffe bezogen sich zwar auf das Verhalten der Nachkriegsdeutschen gegenüber den Verbrechen des Holocaust, sind aber offenkundig auch auf andere »Objekte« von Schuldgefühlen übertragbar, die in unbestimmter Weise von der Ursprungsschuld des Naziregimes und seiner willigen Helfer abgeleitet werden.

Hier wie da scheint es einen narzisstischen Sekundärgewinn zu geben, auch wenn – und gerade weil – eine eigene Schuld gar nicht vorhanden ist. Dennoch ist er ein schier unversiegbarer Treibstoff für die moralische Überhöhung der eigenen Worte und Taten: »Sie speist sich aus dem Wunsch, dem Fluch einer schuldbeladenen Vergangenheit durch eine Politik zu entkommen, die höheren moralischen Maßstäben genügt als die anderer Nationen«, sagte der Historiker Heinrich August Winkler dem *Spiegel*. Norbert Blüm, der langjährige Arbeitsminister in der Regierung von Helmut Kohl, habe es im Frühjahr 2016 nach dem Besuch eines Flüchtlingslagers in Griechenland so ausgedrückt: »Gerade weil wir Deutschen so schreckliche Verbrechen begangen hätten, sei es doch wundervoll, wenn wir jetzt in aller Welt anerkannt würden als ein Land, das sich um besondere Menschlichkeit bemühe.«

Eine gesteigerte Variante dieser Logik, in der die historisch einmaligen Verbrechen das Volk der einstigen Täter zu weltweiten Vorkämpfern des Humanismus fortgebildet haben, zeigt sich im Verhältnis zu Israel. Der linke Schriftsteller Wolfgang Pohrt hat vor Jahren das Wort vom »Täter als Bewährungshelfer« in Umlauf gebracht, der darauf achtet, dass »seine Opfer nicht rückfällig« werden. So ist die »Israel-Kritik« zum Volkssport in Deutschland geworden, geradezu ein eigenes Ressort, während man von der Venezuela-Kritik wie von der Iran-, Ägypten-, Russland-, China- oder Kubakritik nicht allzu viel hört. Der Satz des Psychoanalytikers Zvi Rex, 1909 in Wien geboren, 1981 in Israel gestorben – »Die Deutschen werden den Juden Auschwitz nie verzeihen« – trifft immer noch die absurde Konstellation, der mit Vernunft offenbar nicht beizukommen ist.

Wie aktuell die Verbindung zwischen abgeleiteten Schuldgefühlen, Hypermoral und Realitätsverlust ist, offenbart sich exemplarisch am Phänomen arabischer Clans, die für einen erheblichen Teil der organisierten Kriminalität in Deutschland verantwortlich sind. Jahrzehntelang gingen die Strafverfolgungsbehörden nur äußerst zurückhaltend gegen die sogenannten Großfamilien vor, die, meist aus dem Libanon kommend, durch Staatenlosigkeit und immer wieder verlängerte »Duldung« vor Abschiebung geschützt waren. Der nie ausgesprochene Grund für die weitgehende Untätigkeit von Polizei und Justiz war im Lichte der Nazi-Vergangenheit unverkennbar: die Angst vor dem Vorwurf »rassistischer Diskriminierung«.

Nun, da die politisch gewollte Nachsicht aufgegeben worden ist und die Clans unter erhöhtem Strafverfolgungsdruck stehen, kommt als Reaktion genau das, was stets befürchtet worden war: Clanoberhaupt Arafat Abou-Chaker, der in diesem Jahr zum wiederholten Mal in Berlin vor Gericht stand, verglich das Vorgehen der Justizbehörden gegen seinesgleichen mit der Judenverfolgung der Nazis im »Dritten Reich«, wobei ihm die »feministische Kabarettistin« Idil Baydar, die gerne bei den Berliner Grünen auftritt, ausdrücklich zustimmte. Dass die »Auschwitzkeule« inzwischen von Muslimen geschwungen wird, die sonst nicht durch allzu überschwängliche Juden-freundschaft auffallen, beschreibt die völlig verdrehte Situation im »bunten« und »weltoffenen« Deutschland.

Dazu passt, dass der grüne Berliner Justizsenator Dirk Beh-rendt auf Biegen und Brechen versucht, das »Neutralitätsge-setz« des Landes zu kippen und Lehrerinnern wie Richterin-nen das Tragen des islamischen Kopftuchs zu erlauben. Da etwa in Berlin-Neukölln an vielen Schulen das Kopftuch schon dominant ist, dürften sich im Fall des Falles nicht wenige Klas-sen in rein islamische Curricula verwandeln.

Hier hat die Selbstverleugnung einer Republik, die trotz ih-rer sichtbar christlich und jüdisch geprägten Kultur die Reli-gionsausübung zur Privatsache erklärt, schon ein beachtliches Niveau erreicht. Ein Blick in Richtung Westen, zu unserem französischen Nachbarn, genügt, um eine Ahnung von der Zu-kunft auch in Deutschland zu bekommen.

Selbst wenn sich in Frankreich der Staat in der Folge der Revolution von 1789 definitiv als säkular versteht und auch keine Kirchensteuer erhebt, hat in vielen Schulen eine Kopf-tuch tragende Mehrheit der Schülerinnen das Klima eines friedlichen Zusammenlebens schon vergiftet.

Nachdem Anfang des Jahres radikale Islamisten schon wie-der einen Lehrer bedroht hatten, ging er an die Öffentlichkeit. »Ich will nicht unter ständiger Angst leben«, sagte der Philo-sophielehrer Didier Lemaire, der in Trappes bei Paris lebte und arbeitete. Er erhielt Todesdrohungen, weil er nach der Ermor-dung des Geschichtslehrers Samuel Paty zum »Widerstand ge-gen die islamistische Gefahr« aufgerufen hatte. In Grenoble wurden zwei Professoren, darunter ein Deutscher, öffentlich an den Pranger gestellt, weil sie den Begriff der »Islamophobie« kritisiert hatten. Ihnen wurde Polizeischutz gewährt.

Die französische Soziologin Nathalie Heinich versuchte in der *NZZ* eine Erklärung für diese Zustände, deren geistige Grundlagen auch in Deutschland zu finden sind: »Man verschließt die Augen vor den Exzessen des Islamismus und geht davon aus, dass jeder Muslim a priori verteidigt werden muss, weil er unterdrückt wird – selbst wenn es sich dabei um Personen handelt, die integristisches und gewalttätiges Gedankengut vertreten. Diese Tendenz ist innerhalb der Linken dominant geworden, weil die Vertreter der universalistischen Linken verstummen.«

In Trappes jedenfalls scheint es für eine politische Kehrtwende schon zu spät zu sein, so wie an vielen anderen Orten Frankreichs. Die Islamisierung ist vollzogen und die Republik geschlagen: »Es gibt keine gemischten Friseursalons mehr. In den Cafés werden keine Frauen geduldet. Schon kleine Mädchen werden vollverschleiert auf die Straße geschickt« – so schilderte Lemaire, den jeden Tag zwei Polizisten zur Schule und zurück nach Hause begleiten mussten, die Lage. Die örtliche Schulbehörde empfahl ihm, sich sicherheitshalber eine andere Wirkungsstätte zu suchen und vorerst unterzutauchen.

Das sind keine Nachrichten aus einer fernen, gar fernöstlichen Welt, sondern bedrohliche Zustände eine Autostunde westlich der Champs Elysées, die viele immer noch nicht wahrhaben wollen. Zu dieser Blindheit tragen seit Jahren auch mächtige gesellschaftliche Multiplikatoren wie die Bertelsmann-Stiftung bei, deren Studien oft ein tendenziell beschönigendes Lagebild liefern, wenn es um Einwanderung, Islam und Integration geht.

Selbst in Gymnasien in Sachsen-Anhalt wurde jüngst der jährliche Bertelsmann-»Religionsmonitor« zur Grundlage einer Aufgabenstellung für einen schriftlichen Test gemacht: »Erläu-

tern Sie kurz den aktuellen Stand der Politik- und Wahlverdrossenheit in Deutschland. Es stellt sich die Frage, wie weit
man auf kulturelle Minderheiten gesetzlich eingehen soll. Bei-
spielsweise: Sollen Gebetsräume in allen öffentlichen Gebäu-
den eingerichtet, Feiertage anderer Kulturen in Deutschland
eingeführt oder die Vollverschleierung gesetzlich zugesichert
werden?«

Was hier zunächst auffällt, ist die falsche, ressentimentgela-
dene Ausgangsthese: Von einer aktuellen, also akuten Politik-
und Wahlverdrossenheit kann nicht die Rede sein. Möglicherweise ist hier »Regierungsverdrossenheit« gemeint. Das aber
ist etwas anderes. Bemerkenswert ist die Tatsache, dass als Beispiel für »andere Kulturen« offenkundig nur der Islam infrage
kommt. Buddhisten, Hindus, Juden, Katholiken, Atheisten,
Aleviten und Jesiden werden gewiss keine eigenen Gebetsräume in Schulen verlangen. Noch absurder: Die islamische
»Vollverschleierung«, etwa so, wie sie in Afghanistan und anderen archaisch-fundamentalistischen Ländern vom macht-
habenden Patriarchat erzwungen wird, soll in der Bundesrepublik Deutschland freiwillig »gesetzlich zugesichert«, also
mehr als bloß toleriert werden? Wie bitte?

Mit derart tendenziösen Fragestellungen werden Fünf-
zehn-, Sechzehnjährige von einer Schulverwaltung traktiert,
eher: indoktriniert, die in Sachen Demokratie, europäischer
Freiheit und aufgeklärter Zivilgesellschaft offenkundig selbst
Nachhilfeunterricht gebrauchen könnte.

Wo bleibt hier das Selbstbewusstsein einer freien und demokratischen Republik, in die jährlich Hunderttausende Menschen aus gerade jenen Ländern flüchten, in denen die Vollverschleierung und andere Formen der Entrechtung der Frauen
das Symbol von Unfreiheit und Unterdrückung sind? Wie

kommt es zu solchen Gesten einer kulturellen Unterwerfung, auch wenn sie in anscheinend harmlose Prüfungsfragen gekleidet sind?

Selbst dieses kleine Beispiel zeigt: Wer das Eigene nicht schätzt und das Fremde nicht versteht, kann »Weltoffenheit« von peinlicher Selbstverleugnung nicht unterscheiden.

Es ist wieder einmal ein Migrant, der dieses typisch deutsche Knäuel entwirrt. In seinem neuen Buch »Schlacht der Identitäten« (2021) schreibt Hamed Abdel-Samad, ein 1972 in der Nähe von Kairo geborener Politikwissenschaftler, der wegen seiner Kritik am Islam seit Jahren unter Polizeischutz steht:

»Die Öffnung der deutschen Identität für Migranten setzt ebenfalls die Öffnung der Minderheiten für die deutsche Identität voraus. Eine auf Schuld basierende Identität ist weder für autochthone Deutsche noch für Migranten attraktiv. Deutschland braucht deshalb ein positives Nationalbewusstsein, ohne in Nationalismus zu verfallen … Schuld, Identitätsunsicherheit und Minderwertigkeitsgefühle sind Einfallstore für Rassismus, der diesen Mangel wiederum durch Überheblichkeit und Hass auszugleichen versucht. Rassisten und Opfer von Rassismus teilen oft ein Dilemma: Sie wurden zum Misstrauen gegen sich selbst und andere erzogen, sie sind oft gefangen in einer geschlossenen Identität, die ihren Individualismus erdrückt.«

Vielleicht schafft es ja dieses Zitat einmal in eine deutsche Abiturprüfung.

3. KAPITEL

WARUM DER ZEITGEIST KEINE MITTE MEHR KENNT

Struktureller Moralismus als Ersatzreligion

Einen Vorteil haben Krisenzeiten, zumal dann, wenn sie einen pandemischen Stillstand der gewohnten Geschäftigkeit mit sich bringen: Man besinnt sich wieder auf alte Freunde, frischt eingeschlafene Bekanntschaften auf und liest lange E-Mails, die sonst rasch im Papierkorb landen würden. Dazu gesellt sich zumindest zeitweise ein erhöhter Fernsehkonsum, vom »Morgenmagazin« bis »Markus Lanz«.

Ein uralter Instinkt politischer Neugier sorgt dafür, dass neben Filmen wie »Sauerkrautkoma«, »Leberkäsjunkie« und »Grießnockerlaffäre« aus der herrlich ironischen Serie der bayerischen »Eberhofer«-Krimis auch die einschlägigen Talkshows zu ihrem Recht kommen, jedenfalls so lange, bis der wöchentliche Inzidenzwert der TV-Auftritte von Karl Lauterbach gesundheitsschädliche Ausmaße angenommen hat.

So kam es zu stundenlangen Telefongesprächen, in denen immer wieder ein Thema allseitige Ratlosigkeit hinterließ. So wichtig es war zu wissen, wann man endlich wieder zum Friseur und in die Kneipe gehen oder in den Urlaub fahren kann – regelrechte depressive Verstimmungen kamen bei der Frage auf, wo eigentlich die politische Mitte geblieben sei und mit ihr jene pragmatische, bürgerlich-liberale Vernunft, die sich zwar den gesellschaftlichen Veränderungen keineswegs verschließt, aber doch eine Kontur, eine Repräsentanz, eine starke Idee, vielleicht sogar eine starke Persönlichkeit braucht. Manch einer fragte: Gibt's das überhaupt noch, das Konservative?

Auch das verschärfte Radiohören brachte hier keine weiterführenden Erkenntnisse, sieht man von den rasant um sich greifenden Mini-Pausen im guten alten Deutschlandfunk ab, die inzwischen nicht mehr durch die Räusper-Taste verursacht werden, sondern mitten im gesprochenen Wort stattfinden und so zu spontaner innerer Unruhe beim alten weißen Hörer führen. Abflugbereite »Urlauber*Pause*innen« warten dann schon mal vergeblich auf »Pilot*Pause*innen«, die sie von Ibiza nach Hause fliegen sollen, weil »Gewerkschafter*Pause*innen« sie zum Warnstreik aufgefordert hatten. In Talkshows wird das Elend der kommenden Finanzlöcher gendergerecht auf die Steuerzahler*Pause*innen verteilt, und in der Berliner *Abendschau* des rbb flüchten »Anwohnende« vor dem Feuer im Haus, sind also zugleich »Flüchtende«, letztlich »Geflüchtete« im eigenen Stadtteil, also streng grammatikalisch gar keine Anwohnenden mehr.

»Wenn's der Wahrheitsfindung dient« würde womöglich Altkommunarde Fritz Teufel brummen, lebte er noch. 1968 ging es um die förmliche Pflicht des Angeklagten, aufzustehen, wenn das hohe Gericht erscheint; heute geht es darum, kein Sternchen und kein Doppelpünktchen zu vergessen, wenn man eine ordnungsgemäße Bachelorarbeit abgeben will. Wir schweifen ab.

Oder doch nicht? Ist das vielleicht die neue politische Mitte: Der Konsens der Duden-Demokraten, die ein bürokratisches, Fatwa-ähnliches Sprachregime errichten, dem keiner entkommen soll? Eine »Dudenisierung« der Politik überhaupt, die bei dem Bestreben, alles nur noch sauber und korrekt zu formulieren, ohne irgendjemanden auf der Welt zu verletzen, zu verstören oder in seiner Einzigartigkeit anzugreifen, gar keine Peilung, keine Richtung mehr hat?

Es scheint, als sei Politik überhaupt in einer Art Redundanz gefangen, die zwischen den Polen neudeutscher Moral und altdeutschem Sauberkeitszwang hin und her oszilliert. Hier die Apriori-Moralisierung auch noch der letzten Einzelfrage, sei es der Bau eines Einfamilienhauses in Hamburg-Langenhorn, der künftig verhindert werden soll, die Vermeidung des unaussprechlichen I-Wortes »Indianer« oder das »postkolonialistische« Verhältnis zu Afrika; dort dann der deutsche Hang, das Ganze – wenn schon, denn schon – konsequent »durchzuziehen«, porentief rein, bis ins letzte Detail. Jede Abweichung wird geahndet.

Stets geht es zuallererst darum, auf der vermeintlich richtigen Seite zu stehen, was immer auch ein Reflex auf die schier unübersehbare Komplexität der Gesellschaft ist. Schon vor Jahren berichtete der Münchener Philosophieprofessor Michael Reder, seine Studenten, die er wohl jetzt auch »Studierende« nennt, erwarteten oft eine »normative Take-Home-Message«, eine Moral zum Mitnehmen also: »Was früher Pfarrern vorbehalten war, wird nun auch von uns Ethikern verlangt.« Das »absolute Verlangen nach Ehrlichkeit und Transparenz« (Reder) ist so stark, dass Heuchelei und »double standards« programmiert sind. Viel schlimmer: Dummheit. Der böse Niccolò Machiavelli hätte uns gewarnt: Eine Überdosis Moral, struktureller Moralismus, beschädigt Ihr Denkvermögen.

>>> <<<

Wenn Doppeldeutigkeit und Ironie nicht mehr geduldet werden, und erst recht nicht »Stammtisch-Humor«, Zoten, Witze und Karikaturen, die nicht ganz auf der geistigen Wellenlänge von SPD-Chefin Saskia Esken liegen, dann braucht es eigentlich jenen »neuen Menschen«, den der Sowjet-Kommunismus, Mao Zedong und Ché Guevara stets vor Augen hatten: Er denkt, sagt, fühlt und tut immer das Richtige zum Wohle der Menschheit.

Solange es noch nicht so weit ist, haben all die Sprachregelungen für eine diskriminierungsfreie, endlich gerechte und gute Welt, in der Migranten und Einwanderer nun als »Menschen mit internationaler Geschichte« bezeichnet werden sollen, ein Ziel: nicht »anstößig« zu sein. So hat sich ein neuer Komment herausgebildet, der zwar in keinem Gesetzesblatt steht, aber inzwischen eine enorme Disziplinierungsmacht erreicht hat. Selbst Thomas Gottschalk, die Inkarnation des netten und stets gutgelaunten Deutschen, dessen loses Mundwerk ihn berühmt und wohlhabend gemacht hat, kapituliert und verspricht öffentlich, nie mehr das »Z-Wort« zu benutzen, obwohl ihm im ganzen Leben niemals ein »Z-Schnitzel« serviert worden sei und er auch gar nicht vorgehabt habe, noch jemals im Leben ein solches zu bestellen.

Nicht einmal mehr das Zitieren des inkriminierten Wortes ist erlaubt. So entsteht eine merkwürdige Schweigespirale aus unsagbaren Wörtern, die eher an die Inquisition der katholischen Kirche im Mittelalter erinnert als an eine aufgeklärte Gesellschaft des 21. Jahrhunderts. Dabei haben wissenschaftliche Untersuchungen gezeigt, dass vorhandene Ressentiments auf die neuen Wortschöpfungen praktisch 1:1 übertragen werden.

Die Bezeichnung »Roma und Sinti« ist längst wieder so negativ konnotiert wie das alte Z-Wort. So vermeiden die großen Nachrichtensender inzwischen auch diese völlig korrekte Bezeichnung, selbst wenn sie, etwa bei einem geballten Ausbruch des Coronavirus in einem großen, ziemlich verwahrlosten Wohnhaus, sachdienliche Hinweise auf Ursachen und Verbreitungswege liefern würde. Die Angst, Ressentiments zu schüren, geht so weit, dass bei Berichten der Nachrichtenagentur *dpa* über die zahlreichen Vorfälle mit ausufernden Hochzeitsgesellschaften, die ganze Autobahnabschnitte blockieren, das Attribut »türkisch«, »türkischstämmig« oder »arabisch« peinlichst vermieden wird – obwohl gerade dies eine zentrale Information ist, auf die die gesamte Gesellschaft Anspruch hat.

Denn der aktuelle Stand der Integration ist auch an solchen Geschehnissen abzulesen.

Das Resultat dieser pädagogisch gefilterten Nachrichten ist allerdings paradox: Wenn nun im Radio von einer – gar großen – Hochzeitsgesellschaft die Rede ist, assoziieren die meisten Hörer, gewiss auch die Hörerinnen, unwillkürlich »türkisch« oder »arabisch«. Zu anderen Zeiten wurde dieser Vorgang mit »zwischen den Zeilen lesen« umschrieben.

Die einst linke Parole von SPD-Gründer August Bebel – »Sagen, was ist« – hat sich ins glatte Gegenteil verkehrt: Bloß nicht drüber reden!

>>> <<<

Neben dem Beschweigen hat sich die permanente Umbenennung etabliert. Ein prominentes Beispiel ist der Flüchtling, ein generisches Maskulinum, das keine weibliche Sprachform kennt. Als im Sommer 2015 Hunderttausende Flüchtlinge nach Deutschland kamen, geriet die einschlägige Bezeichnung in den Verdacht, »stigmatisierend«, ja »diskriminierend« zu sein. So hob man den »Geflüchteten« aus der Taufe, dem alsbald der »Schutzsuchende« zur Seite gestellt wurde, obwohl es im Laufe der Zeit immer offensichtlicher wurde, dass viele Migranten weniger Schutz vor politischer Verfolgung als Arbeit und ein besseres Leben suchten, was völlig legitim und verständlich ist. Eine ganz andere Sache ist es freilich, dass die Bundesrepublik diesen Wünschen ihre ebenso legitimen eigenen Interessen und begrenzten Möglichkeiten gegenüberstellen muss. Wohlgemerkt: Bei all dem geht es natürlich nicht um beleidigende, respektlose oder herabsetzende Bezeichnungen.

Wie auch immer: Das Ergebnis der grassierenden Sprachpolitik, die Welt durch Worte zu einem besseren Ort zu machen, lässt sich leicht beschreiben: Auch dem »Schutzsuchenden« gilt nun die eine oder andere ungnädige Empfindung, die vorher schon den Flüchtling wie den Geflüchteten traf.

Das alles ist absurd genug.

Wenn aber auch noch Kabarettisten und Komiker sich für Auftritte entschuldigen, die Jahre zurückliegen, ist das ein neuer Stand der politischen Kultur. Der in Zürich lebende Kaya Yanar bekannte jüngst, dass er sich mit seiner satirischen Figur »Ranjid« keinesfalls über Inder lustig machen wolle. Er selbst hat einen türkisch-hessisch-arabisch-schweizerischen Migrationshintergrund, fragte sicherheitshalber aber seine Fan-Gemeinde, ob er »Ranjid« weiterspielen solle oder nicht. Auch sein Kollege Bernhard Hoëcker übte Selbstkritik. 2006 parodierte er den schwarzen Rapper 50 Cent und malte sich dafür sein Gesicht schwarz an.

»Blackfacing«, so lautet der antirassistische Kampfbegriff, »war damals schon nicht in Ordnung«, gab er nun kleinlaut zu. Auch das Komiker-Duo Erkan und Stefan, Erfinder des *Kanak-Sprak*-Neologismus »brontal«, macht sich im Rückblick Vorwürfe, weil sie das Wort »schwul« häufig jenseits seines angestammten Kontexts als Teil des Sprachcodes der Straßenjugend verwendet hatten. Zur Erinnerung: In der schwarzen, arabischen und »migrantischen« Rapper-Szene, die auch unter Weißen als supercool gilt, werden ganz andere Schimpfwort-Kanonaden vom Stapel gelassen, bei denen das F-Wort in Zusammenhang mit »Deine Mutter« zum Mindeststandard gehört.

Doch auch Anke Engelke, die immer wieder ökoalternativ-feministische Frauenfiguren wunderbar durch den Kakao gezogen hat, tat Buße. »Ich würde mich nicht mehr dunkel schminken lassen«, bekannte sie. Dabei war das zentrale satirische Merkmal ihrer Figur »Ricky« nicht die braune Gesichtsfarbe, sondern die schrille Stimme und andere Verhaltensauffälligkeiten, die heute wahrscheinlich auch kein Gegenstand von Parodie mehr sein dürften.

Jetzt lacht niemand mehr. Fast niemand. Das offensichtliche Ende der Ironie ist eines der eindringlichsten Warnzeichen unserer Zeit, weil Ironie, Satire und Sarkasmus zur westlicheuropäischen Lebensart gehören wie Aufklärung, bildende Kunst, Musik und Wissenschaft. Ironie schafft Selbstabstand und Erkenntnis, erweitert den Horizont, stärkt Zuversicht und Lebensfreude und unterminiert jede Art von Ideologie, erst recht apokalyptische Verschwörungstheorien.

Doch die sogenannte »Spaßgesellschaft« der Neunzigerjahre, deren ungekrönter König Harald Schmidt war, scheint inzwischen im tiefsten Pleistozän versunken. Mit ihr verschwanden auch all jene Persiflagen, Gags und Albernheiten, die eine neue Leichtigkeit des Seins in deutsche Wohnstuben und Mehrzweckhallen brachten. Heute wären sie kaum noch »sendbar«, wie öffentlich-rechtliche Fernsehredakteure umgehend bestätigen würden.

Harald Schmidts »Polenwitze« wären ebenso unmöglich wie der »Nazometer«, der schon beim Wort »Autobahnausfahrt Frankfurt West« anschlug, erst recht seine fiktiven Figuren, vom Fahrer »Üzgür« über die »dicken Kinder von Landau« bis hin zum im Heizungskeller angeketteten »Ossi«. Zwischen all den *Shitstorms* wäre kaum noch Zeit zum Luftholen – die Harald Schmidt Show, einst Liebling des deutschen Feuilletons, heute? Undenkbar!

Schlimmer noch, aber historisch unbestreitbar: Es waren überwiegend weiße Männer, die in dieser Zeit für einen bis dahin unbekannten Aufschwung am Humorstandort Deutschland sorgten, unter ihnen Hape Kerkeling, Didi Hallervorden, Olli Dittrich, Wigald Boning, Ingo Appelt, Bully Herbig, Bastian Pastewka, Stefan Raab, Atze Schröder, Django Asül, Ludger Stratmann, Hans Werner Olm, Gerd Dudenhöffer, Rüdiger Hoffmann, Piet Klocke, Tom Gerhardt, Mike Krüger, Michael Mittermaier, Dirk Bach, aber auch Anke Engelke, Hella von Sinnen, Mirja Boes, Maren Kroymann, Gaby Köster, Sissy Perlinger und viele andere.

Es ging nicht mehr darum, ob das Ganze nun das »Wahre« (Hegel) oder das »Unwahre« (Adorno) sei – alles war sowieso absurd. Es war die hedonistisch geprägte Zeit von »Techno« und »Loveparade«, »Wahre Liebe« und »Liebe Sünde«, Verona Feldbuschs »Peep!«, »RTL Samstag Nacht« mit der Kultserie »Zwei Stühle, eine Meinung« und der »Bullyparade«, in der die tschechischen Kunstfiguren Pavel Pipovic und Bronko Kulicka den intellektuellen Diskurs im dichten Dunst filterloser osteuropäischer Zigaretten auf eine Länge von knapp zwei Minuten eindampften.

Man kann über all das die Nase rümpfen und an die zahllosen todernsten Probleme der Welt erinnern. Aber der Spaß hatte – wie das Lachen an sich – auch etwas Befreiendes, selbst wenn mancher Zeitgenosse sich zuweilen unter seinem intellektuellen Niveau zu amüsieren glaubte. Vielleicht ist es aber genau das, was heute fehlt: Lockerungsübungen bei der täglichen Weltrettung, die Relativierung des Absoluten, die komischen Seiten des Versuchs, die weltweite Klimakatastrophe mit der Reduzierung des eigenen »CO_2-Abdrucks«, dem Verzicht auf Seife und dem konsequenten Verzehr von Dinkelbrot doch noch abzuwenden.

Stattdessen droht nun ein Stück für Stück errichtetes Kon-

101

troll-System, das auf die Gesinnung zielt statt auf Handlungen, deren etwaige Strafbarkeit je nach Gesetzeslage ja immer schon überprüft werden konnte. Der einstige, eher auf die äußeren Lebensumstände zielende Fortschrittsoptimismus, in dem sich früher sogar Linke, Liberale und Konservative einig waren, scheint passé.

Nun geht es ans Eingemachte. So soll die Phrase vom »gesellschaftlichen Zusammenhalt« Gesetz werden, jedenfalls, wenn es nach dem Willen von Claudia Roth und anderen Grünen aus der zweiten Reihe geht. Sie fordern ein Ministerium gleichen Namens, in dem die Ressorts »Antidiskriminierung, Frauen, Einwanderung, Migration und Flucht, Queerpolitik, Behindertenpolitik, Familie, Senioren, Jugend und Demokratieförderung« gebündelt werden sollen. »Dazu«, so heißt es im genretypischen Bürokratendeutsch, »ist ein Demokratiefördergesetz zwingend notwendig, mit dem wichtige zivilgesellschaftliche Arbeit strukturell und dauerhaft finanziell abgesichert wird.« Früher hätte die linke Satirezeitschrift *Pardon* trocken kommentiert: »Pro bono contra malum!«

Man sieht das neue Verwaltungsmonster förmlich vor sich, das ein bisschen an George Orwells »Wahrheitsministerium« erinnert. Wieder einmal tobt sich hier ein Sozialingenieurswesen aus, das die Gesellschaft als große Maschine begreift, in die immer neue Rädchen und Transmissionsriemen (neudeutsch: Module) eingebaut werden müssen.

Es versteht sich, dass für alle neuen Gesetze eine »Diversity-Folgenabschätzung« zwingend geboten ist. Analog zum Ethikrat soll ein »Rat für Gleichberechtigung und Zusammenhalt in einer Gesellschaft der Vielen« gebildet werden. Man fragt sich: Wie sähe wohl eine »Gesellschaft der Wenigen« aus? Und was genau könnte das Ziel einer »Diversity-Folgenabschätzung« sein?

Auffallend ist, dass in all den stolzen Bekenntnissen zu
»Diversity«, die von multinationalen Großkonzernen bis zum
letzten Jugendzentrum abgegeben werden, ein Umstand, besser: eine soziale Tatsache völlig fehlt: Je vielfältiger sich die Gesellschaft entwickelt, desto konfliktreicher wird sie auch. Es
war der schöne Traum von der multikulturellen Gesellschaft
aus den 1980er-Jahren, dass sich die verschiedenen Ethnien
und Kulturen im Laufe der Zeit wie in einem asiatischen Ge-
müse-Wok zurechtschütteln und amalgamieren, verbinden,
bereichern und ergänzen würden, wobei die Zutaten des Fonds
immerhin noch aus den Prinzipien des demokratischen Rechts-
staats bestehen sollten.

Doch die Vorstellung eines immerwährenden Straßenfests,
eines »Karnevals der Kulturen«, ist längst von der komplexen
Realität der Einwanderungsgesellschaft eingeholt worden. Es ist
ein offenes Geheimnis: Je »bunter« Herkunft, Kulturen, Religio-
nen und Sprachen sich mischen, desto wichtiger sind Regeln,
die für alle gelten. So gesehen markiert »Diversität« zunächst
nur das Erscheinungsbild und die veränderte Sozialstruktur der
Gesellschaft, wer will: ihre Phänomenologie. Politisch entscheidend aber ist ein anderer Begriff, der allmählich in Vergessenheit gerät: Pluralität.

Die pluralistische Gesellschaft stellt die Freiheit des Indivi-
duums in den Mittelpunkt, die offene Auseinandersetzung
über alle Fragen, die das Zusammenleben betreffen. Dies ist
der Kern, die Substanz der Demokratie, völlig unabhängig vom
Grad der »Diversität« ihrer Zusammensetzung. Umso absurder, dass im Namen der »Diversität« inzwischen der Pluralis-
mus von Meinungen infrage gestellt wird.

>>> <<<

»Eine jede pluralistische Demokratie geht davon aus«, sagt der deutsch-amerikanische Jurist und Politikwissenschaftler Ernst Fraenkel (1898-1975), dass »sie nicht nur Verfahrensvorschriften und Spielregeln eines Fair Play, sondern auch einen allgemein anerkannten Wertkodex« braucht, der »ein Minimum abstrakter regulativer Ideen generellen Charakters enthalten muss«. So trocken-akademisch die Formulierung klingt, so präzise beschreibt sie die politische Herausforderung unserer Zeit. »Die Arbeit an dem, was Ralf Dahrendorf einmal ›sense of belonging‹ genannt hat, ist wichtiger denn je. Diversitätsbeauftragte jedenfalls sollten zugleich Gemeinsamkeitsbeauftragte sein«, ergänzt Ex-Bundestagspräsident Wolfgang Thierse die demokratische To-do-list. Für diese Kritik an rechter wie linker »Identitätspolitik« kassierte er einen scharfen Verweis von der SPD-Parteiführung, die damit zeigte, dass sie den Weg ins linkssektiererische Abseits konsequent fortsetzen will.

Im Augenblick scheint die Reise vieler Zeitgeistsurfer tatsächlich zurück in eine Zukunft zu gehen, die an die »Schöne neue Welt« von Aldous Huxley denken lässt. Dabei nimmt der Hang zu opportunistischen Lippenbekenntnissen ebenso furchterregend zu wie die naive Weltsicht aus dem Geiste eines Spielzeugbaukastens. Hier drücken, da ziehen, dort verbieten, der Rest wird passend gemacht, und schon ist der Weg frei zur global-transzendentalen, klimagerechten Nachhaltigkeitsgesellschaft, die dem Nirwana recht nahekommt – das Endziel des glücklichen Lebens für alle, das dann wirklich keine unnötigen Diskussionen mehr braucht, schon gar keinen bürgerlichen Meinungspluralismus mit Störaktionen ideologischer Abweichler.

Alle Kämpfe, Konflikte und Interessen scheinen einer hässlichen Vergangenheit anzugehören, in der es noch verschiedene, offen widerstreitende Meinungen gab. Unvergessen, wie erbittert einst um die Ostpolitik Willy Brandts gestritten wurde. Die tagelangen Debatten im Deutschen Bundestag wogten derart hin und her, dass selbst schon innerlich entschiedene Beobachter sich immer wieder durch ein triftiges Argument der Gegenseite irritieren, ja verunsichern ließen. Darin steckte der wunderbar demokratische Gedanke, dass der andere, selbst wenn er einem sonst unsympathisch erscheint, als ein rechter Idiot oder eine rote Socke, hier und da einen zutreffenden Sachverhalt beschreiben kann, der einen ins Grübeln bringt, vielleicht sogar zweifeln lässt. Der Philosoph Jürgen Habermas nannte das vor langer Zeit »den eigentümlich zwanglosen Zwang des besseren Argumentes«.

Doch statt Zweifel und Selbstreflexion haben – rechts wie links – Feinderklärungen und Erschießungsfantasien Konjunktur, bei denen es reicht, einen Namen oder ein Adjektiv zu nennen, um keine weiteren Fragen mehr zuzulassen. Auf der einen Seite finden »Volksverräter« keine Gnade und landen auf »Abschusslisten«, die andere Seite sieht bei »Nazis« rot, manchmal auch bei Jungliberalen. Da reicht es schon, als »islamkritisch« wahlweise »islamophob« oder ganz subtil: »umstritten« zu gelten.

Wer »umstritten« ist, ist in Zeiten ultimativ geforderter Eindeutigkeit – »Sag mir, wo Du stehst!« hieß es in dem legendären sozialistischen Kampflied der DDR-Band »Oktoberklub« – nicht koscher und nicht korrekt und kann einpacken. Er darf froh sein, wenn nur sein Vortrag an der Uni abgesagt und nicht gleich sein Auto abgefackelt oder das Büro »entglast« wird. Diese immer bedrohlicher werdenden »Shit«-Stürme, Beschimpfungsorgien voller Stigmatisierung und Diskriminierung, stammen, jedenfalls, wenn sie von links kommen und sich exponentiell in der großen Medienöffentlichkeit verbreiten, meist von den strengsten Vorkämpfer*innen der LGBTIQ-Antidiskriminierungsbewegung, die sonst hochsensibel auf jede falsche Wortendung reagieren.

Wer schon einige Jahrzehnte, also etwas »länger«, in der Bundesrepublik verbracht hat, wird sich nicht erinnern können, dass es jemals eine politische Konstellation gegeben hat, bei der sich in der politischen Mitte, zwischen den wuttobenden Extremen, ein derart großes Loch aufgetan hätte, das man nicht einmal mehr »schwarz« nennen kann. Es ist farblos, diffus, kaum lokalisierbar, auffallend abwesend, wie ein Verstorbener, an dem man von Zeit zu Zeit denkt.

Hin und her schweifen die Blicke über die politische Landschaft der Republik, die von gewalttätigen, ja mörderischen Neonazis, aggressiven Corona-Leugnern, Reichsbürgern und schwäbischen Wutbürgerinnen bevölkert ist, weiter über die Bundestagsparteien, in deren zumindest körperlicher Mitte seit Jahr und Tag Peter Altmaier thront wie ein Buddha der Alternativlosigkeit, bis zu den linksextremistischen Autonomen und Antifas, die scheinbar nur nach dem richtigen Zeitpunkt Ausschau halten, eine bewaffnete RAF 2.0 zu gründen. Irrsinn hier, Irrsinn da.

Früher hätte die politische Mitte aus CDU/CSU, FDP und großen Teilen jener SPD bestanden, die Helmut Schmidt zum Bundeskanzler gemacht hat. Und heute? Der »eiserne Kanzler« hätte keinen Platz mehr in der SPD von Saskia Esken und Kevin Kühnert. Angela Merkel hat nicht nur Schmidts Amtszeit von acht Jahren glatt verdoppelt, sondern auch die CDU in einer Weise geradezu tektonisch verschoben, die sie den Grünen in Bezug zu fast jedem wichtigen Punkt »anschlussfähig« macht, wie es im Neusprech heißt.

Jetzt soll auch noch – mit Millionengeldern aus der Staats-

kasse – eine »Bundesstiftung für Gleichstellung«, nicht »Gleichberechtigung«, gegründet werden. Unter dem ebenso populä-
ren wie sinnfälligen Label »Antidiskriminierung« wahlweise
»Islamophobie« unterstützt die CDU-geführte Bundesregierung Organisationen, in denen wichtige Mitglieder Verbin-
dungen zu islamistischen Einflussgruppen haben, die mit den
Werten von Freiheit, Demokratie und Toleranz völlig unver-
einbar sind, schon gar nicht mit der »Gleichstellung« der Frau.
Nach 16 Jahren Kanzlerschaft ist offensichtlich, dass sich in der
Merkel-Ära die Mitte gleichsam osmotisch nach links verschoben und damit der AfD erst Raum verschafft hat, der nun müh-
sam wieder zurückerobert werden müsste.

So gut wie alle Themenfelder sind betroffen: Atomausstieg,
Klima- und Migrationspolitik, gleichgeschlechtliche Ehe, Gen-
dersprache, dazu eine Wirtschaftspolitik, die dem immer kost-
spieligeren Ausbau des Sozialstaats (Rente mit 63, Mütterrente,
Grundrente, unzählige Varianten der staatlichen Kinderfinan-
zierung wie »Baukindergeld« und vieles andere mehr) allenfalls eine hinhaltende Verzögerungstaktik entgegenzusetzen
hat. Die Staatsquote steigt, und der Drang zum Dirigismus, zu
Verstaatlichungen und immer mehr Verbotsverfügungen hat
zuletzt noch durch die Corona-Krise weiteren Aufwind erhalten, obwohl gerade sie die Schwächen staatlichen Handelns
schmerzhaft deutlich gemacht hat.

Das Frappierende: Die ausgemergelte, nach links driftende
SPD, die Grünen und die Linkspartei, die in der Berliner Se-
natskoalition auf den letzten Metern versuchen, noch irgendwie über die Runden zu kommen, bestimmen nach wie vor die
Agenda in der politisch-medialen Sphäre, kommen aber bislang in keiner Umfrage zur Bundestagswahl auf eine regie-
rungsfähige Mehrheit. Eine ziemlich paradoxe Situation.

Die gesellschaftliche Mitte ist eine Schimäre geworden. Sie ist keine eigenständige, selbstbewusste Größe mehr mit dem Anspruch, die Mehrheit zu repräsentieren. Das hat zuallererst mit sozialökonomischen Veränderungen zu tun. In den Worten von Andreas Reckwitz: »Während die industrielle Moderne der Nachkriegszeit bis in die 1980er-Jahre hinein im Wesentlichen die Struktur einer nivellierten Mittelstandsgesellschaft annahm, prägt sich in der Spätmoderne mehr und mehr eine Drei-Klassen-Gesellschaft aus. Sie besteht aus drei umfangreichen Großgruppen: einer aufsteigenden, hochqualifizierten neuen Mittelklasse von Akademikern, einer stagnierenden alten oder traditionellen Mittelklasse und einer absteigenden neuen Unterklasse oder prekären Klasse.« Die »Oberklasse«, also die wirklich Reichen und Superreichen, spielen in dieser Betrachtung zunächst keine Rolle.

Angesichts dieser grob skizzierten Sozialstruktur unserer Republik springt eines sofort ins Auge: Der Zeitgeist mit seiner einstudierten Empörungskultur der »Wokeness« wird fast ausschließlich von bestimmten Milieus der neuen Mittelklasse geprägt. Aus ihr kommt auch die große Mehrheit jener »Aktivisten«, darunter immer mehr Frauen. Sie haben ihren festen Platz in der medialen Berichterstattung ebenso wie in den sozialen Medien, die einen immer größeren Teil der politischen Kommunikation ausmachen.

Es sind die überwiegend jungen, gebildeten Aufsteigermilieus, die die vielzitierte »Zivilgesellschaft« tragen – ob »Fridays for Future« oder die queer-feministische LGBTQI-Bewegung, ob »Cancel Culture« oder der vielgesichtige antirassistische Kampf für »Empowerment«, ob PC, PoC samt »Triggerwarnung«, Antidiskriminierung oder »safe-spaces-Policy«, nicht zu reden von den rund zehntausend Nichtregierungsorganisationen (NGOs) und Lobbygruppen wie »Campact«, Pro Asyl, Deutsche Umwelthilfe, BUND, NABU, WWF, Greenpeace und Foodwatch, die sich auf praktisch allen Feldern der Politik engagieren, oft mitfinanziert durch Steuergelder.

Ebenso signifikant wie die fast unüberschaubare Zahl dieser Organisationen, die Protest zum Geschäft gemacht haben und zuweilen professioneller agieren als staatliche Behörden, ist ihre Wurzel in der Anti-Atomkraft- und Ökologiebewegung der 1970er-Jahre. Doch im Gegensatz zu damals, als der Widerstand gegen das Atomkraftwerk in Brokdorf oder die neue Startbahn West des Frankfurter Flughafens die Sache einer kleinen, meist radikalen Minderheit war, die um jede Sendeminute in den öffentlich-rechtlichen Rundfunkhäusern kämpfen musste, werden heute die Botschaften der Protestprofis von den Leitmedien oft 1:1 übernommen.

Eines der spektakulärsten Beispiele ist der jährliche »Armutsbericht« des Paritätischen Wohlfahrtsverbandes, der in den Fernsehnachrichten wie eine amtliche Verlautbarung des Statistischen Bundesamtes behandelt wird, obwohl der Verband ein klares Eigeninteresse an der weiteren Erhöhung der Sozialausgaben hat, von denen er unmittelbar profitiert. Es ist ein vorhersehbares Ritual: Die Armut wächst unaufhörlich, und die »Schere zwischen arm und reich« geht immer weiter auseinander – ganz egal, wie stark das Wirtschaftswachstum war.

Es dauert dann ein paar Tage, bis profunde Kritik an der Methode und den Berechnungsparametern des Armutsberichts laut wird – ganz abgesehen davon, dass fast zwei Millionen Flüchtlinge aus aller Welt nicht ganz ohne Wirkung auf die ökonomische Gesamtsituation geblieben sein dürften. Die zentrale PR-Botschaft von Skandalisierung und Moralisierung ist dann aber längst via *heute* und *Tagesschau* gesendet, und die ist ziemlich deutsch: Es wird immer schlimmer, selbst wenn es den Leuten besser geht. Sie wissen es nur nicht. Umso so schlimmer für sie.

Dass auch der »Sozialreport 2021« des Statistischen Bundesamts, des Wissenschaftszentrums Berlin für Sozialforschung und der Bundeszentrale für Politische Bildung per Pressemitteilung in dieses Horn stößt, bewertete die *Welt* nach genauer Lektüre der Studie glatt als »Fake News«: »Nicht die ärmeren, sondern im Gegenteil die reicheren Gruppen sind danach am häufigsten von einem Rückgang der Haushaltseinkommen betroffen. Und genauso falsch ist auch die Aussage, dass sich die Armut in den vergangenen Jahren immer mehr verfestigt habe. Denn in den rund zehn Aufschwungsjahren vor der Pandemie profitierten auch die unteren Einkommensgruppen deutlich, und die sozialen Unterschiede wurden geringer.«

Die Symptome einer paradoxen Bigotterie mehren sich. Entscheidend ist stets, dass das eigene Weltbild nicht leidet. Beispielhaft dafür steht ein milliardenschwerer Pharmaerbe, der den Grünen für den bevorstehenden Bundestagswahlkampf 500.000 Euro überwiesen hat, die zweithöchste Einzelspende ihrer Geschichte. Nebenher unterstützt er noch linksradikale Aktivistengruppen wie »Extinction Rebellion« und das »Zentrum für Politische Schönheit«, das mit geschmacklosen Leichentransporten für Furore gesorgt hat. Dass hierbei das Motiv sekundärer Gewissenserleichterung, lutherisch: schuldbasierter Ablasshandel, eine Rolle spielen könnte, ist kein unziemlicher Gedanke.

Mit purer Soziologie alleine kann man jedenfalls nicht erklären, dass ein Angehöriger der kleinen reichen Oberschicht den politischen »Klassenfeind« unterstützt, der gerne mit Enteignungen droht und mit der kapitalistischen Marktwirtschaft weithin auf Kriegsfuß steht. Kein Zweifel: Der Mainstream ist heute Protest-affin, und der Protest ist Mainstream geworden. In Berlin wurden im Jahr 2020 etwa 5000 Demonstrationen gezählt, im Durchschnitt also 14 Stück am Tag, ganz große und ganz kleine. Ihr beachtlicher Widerhall in den Medien steht oft in keinem Verhältnis zur Teilnehmerzahl. Viel mehr zählt die symbolisch dargestellte »Betroffenheit« einer Gruppe, die sich in ein griffiges, emotionalisierendes Narrativ fügt, das sie sich als identitäre Opfergruppe praktischerweise gleich selbst verpasst hat.

So entsteht das Bild einer Gesellschaft, die primär aus unzähligen, teils winzig kleinen sozialen, multikulturellen und non-binär-queer-feministischen Protest-Minderheiten besteht, deren Selbstdefinition kritiklos übernommen wird.

Auch hier greifen wieder die Mechanismen von Skandalisierung und Moralisierung ineinander und lassen wenig Raum für nüchterne Berichterstattung, etwa so, wie sie in der ARD-*Tagesschau* über Jahrzehnte gute journalistische Tradition war. Es ist eine ironische Pointe, dass diese Emotionalisierung der Politikdarstellung, die in den öffentlich-rechtlichen Sendern um sich greift, aus dem Rezeptbuch der privaten Sender stammt, die immer schon mehr aufs Gefühl als auf den Verstand gesetzt haben.

Gewiss haben sich die Zeiten geändert, seit *Tagesschau*-Sprecher Karl-Heinz Köpcke vielen Fernsehzuschauern noch als Regierungssprecher erschien, der die Neuigkeiten des Tages in Anzug und Krawatte gleichsam offiziell, amtlich und punktgenau in fünfzehn Minuten zusammenfasste. In der heutigen Konkurrenz unzähliger, alle Grenzen überschreitender Medien ist jene Aufmerksamkeit, die damals zur Abendbrotzeit feststand wie der Sommerurlaub am Gardasee, ein hart umkämpftes Gut.

Doch bei allem verständlichen Drang, ständig aufregende Push-up-News zu produzieren, die der *»Head Of Creative Content Management (CMS)* genau auf die Zielgruppe zugeschnitten hat, ist klar, dass der politische und historische Kontext all der Stories, die im Minutentakt über die Bildschirme laufen, so gut wie keine Rolle mehr spielt. Im Bemühen, alles frisch und neu erscheinen zu lassen, hip, cool, mega, womöglich exklusiv und als *breaking news* serviert, werden sachliche Darstellungen mit entdramatisierender Wirkung weitgehend überflüssig. Besser: Sie schaden eher.

Es geht ausschließlich um hier, jetzt und sofort. Genauso schnell rutschen die Meldungen im Ranking der Website dann auch wieder nach unten. So erscheint fast alles irgendwie gleich wichtig – das Erdbeben in Indonesien mit tausend Toten, die Trennung eines C-Promipärchens auf »Love Island« und das Impfchaos in Dingolfing nach dem Ausfall eines Kühlaggregats durch einen Kurzschluss.

Das berüchtigte »Clickbaiting«, das reißerische »Anteasern« durch Überschriften und Vorspänne, deren aufmerksamkeitsheischendes Versprechen im Text überhaupt nicht eingelöst wird, ist gewiss eine erfolgreiche Geschäftspraxis im Internetzeitalter. Aber sie untergräbt auf Dauer die Urteilskraft der Leserinnen und Leser, denn das, was die wichtigste Aufgabe der Medien ist, die interpretierende und erklärende Einordnung zum Verstehen der Ereignisse, rückt mehr und mehr in den Hintergrund.

Hinzu kommt, dass die beinah in »Echtzeit« verfassten Kommentare der meinungsstarken Kolumnisten – die *Süddeutsche Zeitung* hat inzwischen sogar schon eine »Meinung am Mittag« – selbst noch die allgemeine Empörungslust befeuern. Eine unwiderstehliche Verlockung für Autoren, die gerne mit besonders radikalen Forderungen glänzen, besteht in der unterschwelligen, narzisstisch aufgeladenen Botschaft, im Kampf für das Gute keine Kompromisse zu dulden. Alles andere wäre eine »Schande«, mindestens für Europa, wenn nicht für die Menschheit. Um jedem Zweifel vorzubeugen, wird die Phrasenmaschine angeworfen mit Kalenderweisheiten wie »Humanität kennt keine Obergrenze«.

Es ist offensichtlich, dass diese hochnervöse und aufgewühlte Medienlandschaft auch ungewollt eher extreme Meinungen bedient, die sich systematisch gegenseitig aufschaukeln, anstatt das ruhige Nachdenken zu fördern. Das räsonierende, abwägende Wort jedenfalls scheint nicht mehr zeitgemäß. Massiv zugenommen hat dagegen jener »Haltungsjournalismus«, der die gängigen Überzeugungen der Zeit zum Ausgangspunkt seiner Berichterstattung macht: Gegen die Klimakatastrophe, für Nachhaltigkeit, gegen Rassismus, für die »bunte Gesellschaft«.

Das Problem dabei ist nicht, dass an dieser Grundorientierung etwas prinzipiell falsch wäre – aber ihre schiere Absolutsetzung verhindert den nüchternen, kritischen Blick auf Fakten, die zu den schönen Zielen nicht ganz passen wollen. Gerade wenn die positiv besetzten Signalbegriffe moralisch eindeutig zu sein scheinen, ist die Thematisierung von Widersprüchen unabdingbar, egal, ob in Gestalt anderer Meinungen oder als Konflikte, die sich in der gesellschaftlichen Wirklichkeit ergeben.

>>> <<<

Beispielhaft war jene Phase der »Willkommenskultur« des Jahres 2015, in der die Medien fast ausnahmslos die Bereitschaft zur Aufnahme Hunderttausender Flüchtlinge auch jenseits der europäischen Dublin-Regeln wie einen moralischen Sieg des »hellen Deutschland« über die dunkle Vergangenheit feierten. Angela Merkels Entscheidung, die Grenzen offen zu halten, wurde kaum infrage gestellt oder gar offen kritisiert.

Dasselbe galt für ihr politisches Mantra »Wir schaffen das«. Wer daran zweifelte, skeptische Fragen zur künftigen Dimension der weltweiten Fluchtbewegungen stellte oder gar über Grenzen der Integrationsfähigkeit der Bundesrepublik diskutieren wollte, hatte es vor allem in den öffentlich-rechtlichen Sendeanstalten schwer. Selbst in der bürgerlich-liberalen Presse waren die Hemmungen beachtlich, Wasser in den Wein der Willkommenskultur zu gießen, mit der sich Deutschland vor aller Welt als gast- und menschenfreundliches Land präsentierte: ein neues Sommermärchen. Sogar *BILD* druckte »Refugees-welcome«-Sticker.

Der emotionale Me-too-Effekt verfehlte seine Wirkung nicht, umso mehr, als sich am rechten Rand tatsächlich aggressive Proteste gegen Asylbewerber und gewalttätige Angriffe auf Flüchtlingsunterkünfte häuften. Dass die damals eher schwächelnde AfD durch all das einen ganz unerwarteten Mobilisierungsschub erfuhr, verstärkte noch den Druck auf die andere Seite, über Probleme vorerst lieber nicht zu reden, um das Narrativ »der Rechten« nicht zu stärken. Ein klassischer Fehlschluss in der politischen Logik, denn so überließ man der AfD das Alleinstellungsmerkmal der Kritik an den weniger erfreulichen Begleiterscheinungen der Masseneinwanderung und der durchaus frivolen, jedenfalls sachwidrigen Behauptung der Kanzlerin, die deutschen Grenzen seien eben nicht zu schützen.

Aus dieser Konstellation des Entweder/Oder hat sich in den vergangenen Jahren ein fatales Muster entwickelt: Wer Unangenehmes beim Namen nennt, bedient die Ressentiments derer, die nur darauf warten, sie auszuschlachten: Beifall von der falschen Seite. In diese Falle tappten leider viele Zeitgenossen, nicht nur in den Medien, sondern auch in Ämtern und Behörden. Die viel zitierte Zivilcourage wurde zur Mangelware; auch hier klaffte ein Loch in der Mitte politischer Vernunft. Den Mut, sich im Kant'schen Sinne seines eigenen Verstandes zu bedienen, musste man sich plötzlich besonders hart erarbeiten.

Nicht wenige spürten zwar ein ungutes Bauchgefühl angesichts der unkalkulierbaren Entwicklung, hatten aber Angst, ihre Bedenken öffentlich zu äußern. Selbst in liberalen Zeitungsredaktionen kam es zu klandestinen Gesprächen unter vier Augen, an deren Ende man sich gegenseitig erleichtert versicherte, die eigene Skepsis habe wohl doch und Gott sei Dank nichts mit rechtsradikalem Gedankengut zu tun.

Die wenigen Journalisten, die frühzeitig vor Gefahren warnten, sahen sich rasch mit dem Vorwurf konfrontiert, keine Empathie mit den Schutzsuchenden zu empfinden, ja, sich zynisch gegenüber dem Leid der geflüchteten Menschen zu verhalten. Es dauerte eine Weile, bis die traurige Tatsache unbestreitbar geworden war, dass unter all den Asylbewerbern und Kriegsflüchtlingen auch Mörder, Folterknechte, Vergewaltiger und Terroristen waren.

Niemand weiß, was Hanns Joachim Friedrichs, der 1995 verstorbene Fernsehjournalist und *Tagesthemen*-Moderator, zu all dem gesagt hätte. Aber wir wissen, was er zu Lebzeiten gesagt hat: »Einen guten Journalisten erkennt man daran, dass er sich nicht gemein macht mit einer Sache, auch nicht mit einer guten Sache; dass er überall dabei ist, aber nirgendwo dazugehört.«

Auch wenn die Euphorie der Willkommenskultur inzwischen Geschichte ist – der Primat der »guten Sache« hat sich in den Medien flächendeckend durchgesetzt, ohne dass man sich dabei einer wirklich offenen und kontroversen politischen Diskussion stellen müsste. Der Mechanismus ist einfach: Man versucht, sich unangreifbar zu machen, indem man selbst bestimmt, wo die Demarkationslinie zwischen Gut und Böse verläuft. Am besten funktioniert die Strategie, wenn man unentwegt vor einem »Rechtsruck« der Gesellschaft warnt, der auch die gesellschaftliche Mitte erfasst habe.

Studien der Universitäten Bielefeld und Leipzig ergeben allerdings seit Jahren kaum veränderte Daten, denen zufolge nur etwa zwei bis drei Prozent der Bevölkerung ein in sich geschlossenes rechtsextremes Weltbild vertreten, wobei weitere zehn bis fünfzehn Prozent mit radikal rechten Positionen »sympathisieren«. Schlimm genug.

Der Verfassungsschutzbericht vom Sommer 2020 bietet immerhin harte Zahlen zur »politisch motivierten Kriminalität«. Für das Jahr 2019 wurden 22.342 Fälle rechtsextremistischer Straftaten registriert, darunter zwei Tötungsdelikte und 781 Körperverletzungen. Auffallend übrigens, dass sich die sogenannten »Reichsbürger« weit überwiegend in Bayern zusammenballen. Der militante Linksextremismus kommt auf knapp 10.000 justiziable Vorfälle, darunter 355 Körperverletzungen und 108 Brandstiftungen. Der Präsident des Verfassungsschutzes, Thomas Haldenwang, beobachtet eine weitere Radikalisierung der Szene mit »Kleingruppen, die klandestin agieren« und planvoll schwere Gewalttaten begehen, wie er der *Welt am Sonntag* sagte. »Hierbei nehmen die Täter schwere körperliche Verletzungen oder auch den möglichen Tod von Menschen billigend in Kauf.«

Es ist klar, dass die nackten Zahlen alleine wenig über die faktische Ausbreitung extremistischer Einstellungen sagen, aber der Vergleich zu den insgesamt 5.436.401 Straftaten, die 2019 in ganz Deutschland ermittelt wurden, zeigt, dass militanter Links- wie Rechtsradikalismus trotz der Gefahren, die von ihnen ausgehen, immer noch ein Phänomen der politischen Ränder ist.

Allerdings ist die These vom stets bedrohlicher werdenden Rechtsruck der Gesellschaft, zu der seit Jahren auch die fragwürdigen »Mitte-Studien« der SPD-nahen Friedrich-Ebert-Stiftung beitragen, zu verlockend, verschafft sie doch der eigenen Position erhöhte Legitimität und Aufmerksamkeit. Nicht Athene, die Göttin der Weisheit und Beschützerin des klugen Odysseus, ergreift hier das olympische Wort – es ist die unheilverkündende Kassandra. Im Vorwort zur letzten Untersuchung über die Jahre 2018/19 heißt es unter der reißerischen Überschrift »Verlorene Mitte – Feindselige Zustände«, als stehe ein Bürgerkrieg vor der Tür:

»Deutschland ist in Unruhe. Hass, Abschottung und Gewalt stehen Solidarität und zivilgesellschaftlichem Engagement gegenüber. Rechtsextreme Gruppen treten öffentlichkeitswirksam an der Seite »normaler« Bürgerinnen und Bürger auf, rechtspopulistische Forderungen und Diskurse erhalten scheinbar immer mehr Raum in Politik und Debatte.«

Scheinbar. Eben. Die Zahlen der eigenen Erhebung, die schon die Befürwortung einer strikt nach Recht und Gesetz vorgenommenen Prüfung von Asylanträgen als erstes Anzeichen einer »gruppenbezogenen Menschenfeindlichkeit« wertet, geben den düsteren Befund allerdings gar nicht her. Egal. Der alarmistisch dräuende Ton ist gesetzt. Das notorische Manöver erinnert ein bisschen an das Prinzip des Extrem-

»Pressing« im Fußball: aktive Vorwärtsverteidigung als erfolgreiche Überrumpelungsstrategie, bei der der Gegner am eigenen Strafraum festgenagelt werden soll.

Der auf diese Weise in der Öffentlichkeit verbreitete Eindruck, die Gesellschaft drifte stetig nach rechts, hat auch einen ganz einfachen, geradezu banalen Grund: All jene, die das in immer neuen Studien herausgefunden haben wollen, sind selber vornehmlich links – Soziologen, Politologen, Migrations- und Genderforscherinnen, Islamwissenschaftlerinnen, Kultur- und Medienschaffende, aber auch die Vertreter von antirassistischen und antifaschistischen Initiativen, deren Arbeitsgegenstand naturgemäß den Blickwinkel auf die Gesellschaft verengt. Leicht entsteht dabei das Bild, es gebe eigentlich nur noch links und rechts.

››› ‹‹‹

Es ist kein Geheimnis, dass eine journalistische Mehrheit im Lande zum rotrotgrünen Spektrum tendiert. In einer Umfrage unter Volontären der ARD vom Herbst 2020 ergab sich sogar ein Stimmenanteil von 92 Prozent: 57,1 Prozent würden bei der Bundestagswahl für die Grünen votieren, 23,4 Prozent für die Linkspartei, 11,7 Prozent für die SPD. CDU/CSU landeten bei drei, die FDP bei 1,3 Prozent.

Unter den gestandenen Kolleginnen und Kollegen in den Sendern der ARD, den dritten Programmen, in Hörfunk und Fernsehen, bei ZDF, 3SAT, arte und dem Deutschlandfunk ergäbe sich sicher ein etwas ausgewogeneres Bild. Genaue Zahlen existieren sowieso nicht, doch die tägliche Empirie des Medienkonsums lässt eigentlich keine andere Interpretation zu als die des Chefredaktors der *Neuen Zürcher Zeitung* Eric Gujer:

»Anscheinend haben sich die Einstellungen in den Medien und der Politik nach links verschoben, sodass heute Positionen als »rechts« gelten, die früher *Mainstream* waren.« Versteht sich, dass der *NZZ*-Chef in den Augen der Angesprochenen sich damit unzweifelhaft als »Rechter« demaskiert hat.

Nur wirklich alte weiße Männer erinnern sich an dunkle Vorzeiten, als es tatsächlich noch bekennende liberale oder konservative, ausschließlich männliche Fernsehjournalisten gab, die regelmäßig auf dem Bildschirm auftauchten – Haudegen wie Gerhard Löwenthal, Fritz Schenk, Friedrich Nowottny, Ernst-Dieter Lueg, Horst Schättle, Rudolf Mühlfenzl und Sigmund Gottlieb. So unterschiedlich sie waren, und egal, wie man sie heute beurteilen würde – keiner von ihnen hätte eine Chance als Fernsehmoderator, Chefredakteur oder Programmdirektor.

Es gibt keinen einzigen profilierten, gar prominenten Liberalen oder Konservativen mehr im deutschen Fernsehen, also jemanden, an dem man sich auch nur annähernd so reiben könnte wie an Gerhard Löwenthal, dessen *ZDF-Magazin* von 1969 bis 1988 jede zweite Woche zur besten Sendezeit den Puls aller fortschrittlich gesinnten Menschen in ungeahnte Höhen trieb. »Die Milch wird sauer, das Bier wird schal, im Fernsehen spricht der Löwenthal« stöhnten sie. Nicht zuletzt deshalb, weil Löwenthal die deutsche Teilung, Todesschüsse an der Mauer, Stasi und SED-Diktatur unermüdlich zum Thema machte, was unter Linken schon damals als ausgesprochen »rechts« galt.

Was sie womöglich nicht wussten: Löwenthal wurde 1922 als Sohn des jüdischen Kaufmanns Julius Löwenthal in Berlin geboren. Er und sein Vater waren zeitweise im KZ Sachsenhausen interniert. Seine Großeltern wurden nach Theresienstadt deportiert und ermordet. Als einer von wenigen Hundert Berliner Juden – unter ihnen auch der spätere TV-Quizmaster Hans Rosenthal – überlebte Löwenthal die Nazi-Herrschaft. Den Einmarsch der Roten Armee empfand er als Befreiung. Als ein Soldat ihn als vermeintliches SS-Mitglied erschießen wollte, sang er den Kaddisch, das jüdische Trauergebet, und rettete so sein Leben.

Wer heute *ZDF-Magazin* googelt, stößt auf das *ZDF Magazin Royale*, eine Late Night Show mit Jan Böhmermann, der den öffentlich-rechtlichen Klassenclown im taillierten Anzug eines dauer-twitternden, politisch korrekten »Diskurspolizisten« *(Zeit)* spielt und Innenminister Horst Seehofer (CSU) schon mal ein antifaschistisches »Fick dich, Opa!« zuruft, wofür er sich später immerhin entschuldigt hat. Dabei galt das ZDF einst als der schwarze Kanal der Bundesrepublik, dessen stockkonservativer Intendant auch in Mainzer Kohlenkellern, so die Legende, noch dunkle Schatten warf.

Doch weder Jan Böhmermann noch all die anderen hippen Fernseh-Entertainer wie Klaas Heufer-Umlauf und Joko Winterscheidt, zu deren Geschäftsmodell es gehört, demonstrativ aufseiten des Guten zu stehen, sind politische Überzeugungstäter. Sie streiten nicht für den Sozialismus und die klassenlose Gesellschaft. Sie sind keine theoriebeschlagenen Linken, mit denen man stundenlang über die »Systemfrage« streiten könnte. Sie haben sich längst entschieden: Ihre bevorzugte Gesellschaftsform ist die Florida Entertainment GmbH (»Florida TV«), eine erfolgreiche Fernsehproduktionsfirma, die mit Sendungen bekannt wurde wie »Circus Halligalli«, »Inside – unterwegs mit Palina« und »Wer stiehlt mir die Show?«

Die neue Generation der – nicht mehr ganz so – jungen Fernsehhelden hat jedoch begriffen, wie leicht und vorteilhaft es ist, »Haltung« zu zeigen, etwa mit einer Geldsammelaktion für ein Flüchtlingsschiff im Mittelmeer. Der Applaus der Fangemeinde ist garantiert, es gibt keinen weiteren Diskussionsbedarf, auch nicht darüber, ob man so womöglich, ohne es zu wollen, Teil des Kalküls der kriminellen Schlepperbanden wird.

Symptomatisch für die zeitgemäße Bekenntnisfreude im Promi-Milieu ist ein Tweet von Anne Will Ende Februar 2021, der schwerelos im Strom der linksgrünen Agenda dahingleitet: »Es ist höchste Zeit, sowohl den Rassebegriff aus dem Artikel 3 GG zu streichen, als auch queere Menschen endlich durch das Grundgesetz zu schützen. Ich habe schon unterschrieben. Und Ihr?«

Die Moderatorin der wichtigsten politischen Talkshow im öffentlich-rechtlichen Gebührenzahler-Fernsehen als Aktivistin einer Kampagne, die auch noch fälschlicherweise behauptet, das bestehende Grundgesetz schütze nicht auch Schwule, Lesben und Menschen mit anderer sexueller Identität vor Diskriminierung? Man darf fragen, wie sie je eine Sendung zum Thema unbefangen, gar neutral moderieren könnte.

Was kommt als Nächstes? Nachdem der Begriff »Mutter« durch »austragendes Elternteil« oder »gebärende Person« ersetzt werden soll, prophezeit der *Zeit*-Kolumnist Harald Martenstein: »So wird's kommen, zumindest an den Unis und bei Anne Will.«

»Mama« und »Papa« gibt's dann nur noch ganz privat zu Haus.

Inzwischen macht sogar das internationale Großkapital mit, dem es am Ende egal sein kann, wer das austragende Elternteil ist. Hauptsache, sie kaufen Pampers. So will »Unilever« bei Shampoos, Deos und Cremes künftig auf die Bezeichnung »für normale Haut« verzichten. Der Begriff »normal« könne einen »negativen Effekt auf Menschen« haben. Auch das Wort »Sushi«

kann toxisch sein. So wurde der renommierte Sport-Reporter Jörg Dahlmann vom Bezahlsender »Sky« gefeuert, weil er in einer Reportage von Japan als »Land der Sushis« sprach. Beim Automobilbauer »Audi« heißen die Arbeiter und Angestellten aller Geschlechter jetzt offiziell »Audianer_innen«. Spötter könnten dies für einen Versuch halten, die große Me-too-Bewegung des gendergerechten Umbaus der deutschen Sprache durch groteske Überanpassung lächerlich zu machen. Doch solch hintersinniger Sarkasmus à la Karl Valentin wäre ganz unzeitgemäß.

Was an all dem zutiefst irritiert, ist gerade nicht der offene, gern auch scharfe Meinungsstreit, sondern das genaue Gegenteil – die sanft-autoritäre Kommunikation per Dekret, die schleichende Setzung neuer Standards, die gar nicht mehr »hinterfragt« werden sollen, wie es einst im Sozialkundeunterricht hieß. »Schluss mit dem Quatsch, jetzt wird diskutiert!« – der lautstarke Appell aus Franz-Josef Degenhardts legendärem Lied »Entschuldigung eines alten Sozialdemokraten« ist nur noch eine ferne Erinnerung. Heute wird »angeordnet«, »umgesetzt«, in Vorschriften gegossen – und fast alle machen mit. Die Apologeten des unaufhaltsamen gesellschaftlichen Fortschritts agieren wie preußische Beamte, und der Gefolgschafts-Opportunismus breitet sich aus wie eh und je. Heinrich Mann hat in seinem Roman »Der Untertan« den typischen Charakter des Phänomens beschrieben – wenn auch zu anderer Zeit.

>>> <<<

Es ist lange her, dass öffentlicher Streit in aller Unmittelbarkeit, Vitalität und intellektueller Schärfe live und *open end* im Fernsehen stattfinden konnte, über drei Stunden und zwei Minuten lang. Es war der 13. Juni 1978, als im Club 2 des Österreichischen Rundfunks (ORF) Rudi Dutschke, Daniel Cohn-Bendit, Kurt Sontheimer und Matthias Walden über »1968 – das Jahr des Aufstands« diskutierten. Die Kontrahenten, der rechtskonservative WELT-Journalist und der liberale Politik-Professor auf der einen, die beiden 68er-Ikonen auf der anderen Seite waren politisch mindestens so weit auseinander wie der AfD-Fraktionschef im Deutschen Bundestag, Alexander Gauland, und die neue Vorsitzende der Linkspartei, Janine Wissler. Mag sein, dass es auch an dem ORF-Moderator Günther Nenning lag, einer seltenen Mischung aus Sachkenntnis, Neugier, Gelassenheit und Wiener Schmäh – doch die Ruhe und Intensität, mit der die vier ihre widerstreitenden Auffassungen darlegten, ohne dass es zu groben Ausfälligkeiten kam, war in jedem Fall bemerkenswert. Vielleicht kein Zufall, dass dieses historische Fernsehereignis in Österreich stattfand und die dritten Programme der ARD es später nur übernahmen, weil die große Resonanz in Deutschland sie praktisch dazu gezwungen hatte. Dem Spiegel war es jedenfalls ein Rundumschlag gegen die öffentlich-rechtlichen Sender wert, der erstaunlich aktuell klingt:

»Freier Geist weht längst nicht mehr durch deutsche Fernsehstudios. Dort trifft sich, zum Polit-Palaver, nur das Establishment. Dort sitzen und öden die Partei-Marionetten und Verbandsfunktionäre, die Profis im Nichtssagen ... In diese Leisetreterei, diesen politischen Kastratenchor passt keine profilierte Meinung, keine böse Polemik; immer schon haben sich die TV-Aufsichtsbeamten vor der Sendung vom weltanschaulich ordnungsgemäßen Zustand ihrer Studiogäste überzeugt.«

Doch zwei Unterschiede zu heute sind entscheidend: Das Establishment war damals konservativ-sozialtechnokratisch geprägt, seine führenden Repräsentanten zwei ehemalige

Wehrmachtsoffiziere und Kriegsteilnehmer – Bundeskanzler Helmut Schmidt (SPD) und der langjährige CDU/CSU-Fraktionschef im Deutschen Bundestag Alfred Dregger. Beide würden heute die Welt nicht mehr verstehen – und die Welt sie nicht.

Zweitens: Anders als heute gab es zahlreiche Intellektuelle, die sich politisch einmischen wollten. Schriftstellerkongresse wirkten zuweilen wie Ersatzparlamente einer imaginären Geistesrepublik, die auch in den großen Feuilletons Gestalt annahm, in langen Radiogesprächen und ausführlichen Fernsehinterviews, etwa bei den strengen »Verhören« von Günter Gaus. Feierlicher Höhepunkt war jedes Jahr im Oktober die Frankfurter Buchmesse, wo man für ein paar Tage glauben konnte, nun übernähmen Philosophen und Schriftsteller tatsächlich die Macht in der Republik.

Berühmt waren die Resolutionen und Appelle, unterschrieben von A bis Z, von Abendroth bis Zwerenz, dazwischen Heinrich Böll, Ingeborg Drewitz, Helmut Gollwitzer, Günter Grass, Walter Jens und viele andere, die heute niemand mehr kennt. So hart die Debatten über Wiederbewaffnung, Atomkraft, RAF-Terror, staatliche Repression, Vietnam, die Nazi-Vergangenheit und den »demokratischen Sozialismus« geführt wurden, so hatten sie doch immer noch den Charakter eines Gesprächs.

Selbst die großen Volksparteien beriefen noch Generalsekretäre, die zuallererst Intellektuelle waren – Peter Glotz bei der SPD, Kurt Biedenkopf und Heiner Geißler für die CDU. Bei allem polemischen Streit gab es noch einen lebhaften intellektuellen Austausch, das, was man Diskurs nennt – Widerspruch, Kritik, Argumente. Der wurde im Feuilleton der *FAZ*, vor allem unter der Ägide von Joachim Fest, exemplarisch ausgetragen. Sein Nachfolger Frank Schirrmacher nahm diese Tradition wieder auf und bat Intellektuelle, die Frage zu beantworten, was denn nach dem Fall der Mauer und dem Scheitern des »realen Sozialismus« noch »links« sein könne. »What's left?« lautete die doppeldeutige Leitfrage der großen Essayserie. Was ist übrig? Was bleibt?

Von den Intellektuellen offensichtlich nichts mehr.

Denn auch hier klafft inzwischen eine Leerstelle, eine große Abwesenheit, die viele angesichts der lärmenden Event-Kaskaden und Twitter-Stürme gar nicht mehr bemerken. Es ist unverkennbar, dass Aktivistengruppen, zivilgesellschaftliche Organisationen und professionelle Protestlobbys neben all den Experten, Influencern und Trendforschern nun mindestens jenen Einfluss auf die gesellschaftliche Entwicklung und den Zeitgeist errungen haben, der einst den »engagierten Intellektuellen« zugeschrieben wurde.

Dr. Drosten statt Dahrendorf und Derrida.

Umso heimatloser fühlen sich die letzten Mohikaner der diskussionswütigen 1970er-Jahre, wenn sie sich fragen, wo eigentlich die Debatte über die großen Fragen der Zeit bleibt, allen voran über die Zukunft der Demokratie in stürmischen Zeiten. Ganz praktisch: Wo wäre, in all dem Rechthaber-Tsunami zwischen rechts und links, überhaupt noch Platz dafür?

Und was soll man also wählen als jemand, der sich die Liebe zur kritischen Vernunft bewahrt hat, aber keine Partei mehr findet, die den Eindruck vermittelt, mit ihr könnte sie wieder zum Leben erweckt werden?

Vielleicht ist es keine schlechte Idee, erst einmal in den Urlaub zu fahren, in die Berge oder ans Meer.

4. KAPITEL

IST EIN NEUER REALISMUS MÖGLICH?

Ausblick auf die Bundestagswahl

Wenn Deutschland in aller Welt für etwas berühmt ist, dann ist es – neben Fußball und Sauerkraut, Lothar Matthäus und Oktoberfest – die geradezu sprichwörtliche Mischung aus Effizienz, Organisation und Pflichterfüllung. Noch im Herbst 2020 erschien das Buch des BBC-Journalisten John Kampfner »Why the Germans do it better« – Bemerkungen über ein »erwachsenes Land«.

Es wurde ein Bestseller und reihte sich ein in eine ganze Serie von Artikeln und Titelgeschichten englischer und amerikanischer Zeitungen, die seit Jahren von einem zweiten deutschen Wunder künden: die Wiedervereinigung gelungen, die Wirtschaft bärenstark mit Dauerabonnement auf den Titel »Exportweltmeister«, dazu ein hohes Bildungsniveau, ein großzügiger Sozialstaat und eine gefestigte Demokratie, deren Bürgerinnen und Bürger sogar durchaus freundliche Menschen seien, von unschönen Ausnahmen abgesehen. Mehrfach belegte Deutschland den ersten Platz in weltweiten Beliebtheits-Rankings, und schon im Jahr 2004 titelte das amerikanische Nachrichtenmagazin *Time* in großen Lettern »What's right with Germany?«

So irritierend es für die meisten Deutschen war, nicht mehr als bis an die Zähne bewaffnete, Badetuch schwingende *Krauts* zu gelten, sondern als ein vergleichsweise sympathisches Völkchen, so tief verwurzelt ist zugleich das überkommene Selbstbild, Organisationsweltmeister zu sein. Das können wir, das kriegen wir hin, da sind wir Weltklasse, selbst wenn der Bau eines neuen Berliner Flughafens sich mal um sieben Jahre verzögert und um mehr als 300 Prozent verteuert, Stuttgart 21 zu einem pharaonischen Open-End-Projekt wird und die Fertigstellung eines Froschtunnels ein jahrelanges Planfeststellungsverfahren erfordert.

Egal. Im Geiste sehen viele immer noch Franz Beckenbauer im Hubschrauber über Deutschland schweben, wohlgefällig auf die neuen WM-Stadien herabblickend, in denen alles wie am Schnürchen lief – ein Sommermärchen wie im Bilderbuch. Dazu klingt aus dem imaginierten Off im sonoren Beckenbauer-Bayrisch »Ja ist denn heut' schon Weihnachten?!«

Aus und vorbei. Das war gestern. Heute ist Impfstau. Dritte Welle. Testchaos. Virologen-Streit. Inzidenz-Verwirrung. Hausärzte-Ärger. Masken-Abzocke. Immerhin sind wir keine »Impf-Nationalisten«, keine nationalegoistischen Drängler. Man stelle sich einmal vor, Fürst von Bismarck wäre noch Kanzler und hätte eiserne Reserven am Loreley-Felsen gebunkert. Gott behüte! Deshalb haben wir auch den 150sten Jahrestag der Reichsgründung in Versailles, als Berlin zur deutschen Hauptstadt wurde, tapfer ignoriert: Gespenster einer dunklen Vergangenheit.

Jetzt sind wir vorbildliche Europäer und warten lieber den nächsten EU-Gipfel und die übernächste Ministerpräsidenten-Konferenz ab, die den völlig unklaren, volatilen Dauerzustand noch einmal um vier Wochen verlängert, in denen Karl Lauterbach weitere fünfzehn Talkshowauftritte absolvieren kann und die vierte Welle prophezeit, der unweigerlich eine fünfte folgen würde, wenn man nicht auf ihn hören sollte. In höchster Not wurde eine Taskforce gebildet, an deren Spitze ein erprobtes Organisationstalent steht: Verkehrsminister Andreas Scheuer. Logisch: Wer die Pkw-Maut hingekriegt hat, kann auch das Schnelltestwirrwarr erledigen.

Angela Merkel warnt derweil unermüdlich vor weiteren »schweren Monaten«, denen sich bis zum Ende ihrer Amtszeit gewiss noch schwere Wochen hinzugesellen werden. Dass sie an diesen unerfreulichen Aussichten selbst mit schuld sein könnte, kommt ihr nicht in den Sinn – und schon gar nicht über die Lippen. Ihre vorösterliche Bitte um Verzeihung war unausweichlich, um sich wieder ein bisschen politische Bewegungsfreiheit zu verschaffen.

Während auf diese Weise systematisch Vertrauen verspielt wurde, ist das gute alte Bekenntnis, »Verantwortung zu übernehmen«, in völlige Vergessenheit geraten.

Doch irgendwann reichte es selbst den treuesten Bewunderern der Noch-Kanzlerin. Sogar die verlässlich amerikakritische *Süddeutsche Zeitung* schrieb: »Jetzt machen die US-Amerikaner vor, wie man eine Krise überwindet.« Im Geiste mitgesprochen: Ausgerechnet diese Amerikaner, die uns vier Jahre Trump beschert haben! Das Geheimrezept: Ein zupackender Pragmatismus, Flexibilität und Eigeninitiative. Aber waren das nicht auch einmal deutsche Sekundärtugenden – neben der Autowäsche am Samstagnachmittag während der Bundesligaschlusskonferenz im Radio?

Hinter dem offenkundig gewordenen politischen Missmanagement in Deutschland haben sich weitere Hotspots gesamtstaatlichen Versagens offenbart, von mangelnder Digitalisierung bis zur grotesken Überregulierung aller Abläufe, die den notorischen Ruf des Organisations-Champions fürs Erste ruiniert haben. Eine kleine Meldung vom März 2021 in der traditionsreichen Berliner Boulevardzeitung *B.Z.*, für die einst Billy Wilder schrieb, steht für das Ganze:

»Ab sofort dürfen über 65-Jährige mit AstraZeneca geimpft werden. Um einen Termin im Internet zu buchen, müssen sie sich in Brandenburg aber jünger machen! Bei der Online-Buchung werden über 65-Jährige aktuell abgelehnt, wenn sie ihr richtiges Alter angeben. Heißt: Sie müssen schwindeln und ein Alter zwischen 18 und 64 Jahre eingeben – die Bundesregierung muss das Portal erst technisch aktualisieren. Vor Ort im Impfzentrum muss man dann sein korrektes Alter ohnehin per Ausweis belegen.«

Deutsche Gründlichkeit kennt kein Pardon.

Einzelne Testtermine wurde auf der entsprechenden Online-Plattform erst für November 2021 (!) vergeben, schriftliche Erinnerungen an den Impftermin lagen nach dem Termin im Briefkasten, ältere Menschen kamen mit den verschiedenen QR-Codes nicht zurecht, ein 87-Jähriger wurde vom Impfzentrum wieder weggeschickt, weil er ein Formular vergessen hatte. Dafür wurde ein Essener Arzt bei Polizei, Staatsanwaltschaft und Ärztekammer wegen »Unterschlagung« angezeigt und vom Dienst suspendiert, weil er übrig gebliebene Impfdosen seiner Familie verabreicht hatte. Ganz zu schweigen von den Warn-Apps, die die strikten Datenschutzregeln wirkungslos machten. Derweil sorgte die amtlicherseits verordnete »Impf-Priorisierung« dafür, dass Hunderttausende Dosen in den Kühlschränken blieben, obwohl sich viele von denen, die noch nicht an der Reihe waren, liebend gerne die rettende Injektion hätten verpassen lassen.

Aber so einfach geht's eben nicht im Land der doppelten Buchführung, hier drängelt sich niemand vor! Und wenn doch, wird er bestraft. Da war sie wieder, die deutsche Ordnungsliebe mit ihren unfreiwilligen Eulenspiegeleien. Motto: Durchschlagspapier, Hängeordner und Stempelkissen sind immer verfügbar.

Die Maxime *Just do it!* – »Einfach loslegen!« – hat es hierzulande auch deshalb schwer, weil die Angst vor Fehlern größer ist als der Mut, ins Risiko zu gehen. Das Resultat: Es läuft jede Menge schief, aber die Verantwortung dafür kann auf viele Schultern verteilt werden, im besten Fall ganz verschwinden.

Gerne sprechen vor allem die Engländer hier von der »German Angst«, einer hysterischen Übertreibung von Risiken und einer Überreaktion auf unkalkulierbare Ereignisse, die nicht nur die eigene Handlungsfähigkeit lähmt, sondern auch emotional begründete Entscheidungen begünstigt, die sich später womöglich als falsch oder zumindest voreilig herausstellen. Ob Atomkraft, Gentechnik oder Kriegsgefahr – der Wunsch nach Sicherheit und Frieden, so verständlich er ist, kippt allzu oft ins Irrationale und kann sogar zur Gefahr für andere werden, wenn er absolut gesetzt wird.

Ein klassisches Beispiel war der Golfkrieg von 1991 gegen den irakischen Diktator Saddam Hussein, der zuvor Kuwait überfallen hatte. Reflexhaft wurden die tief sitzenden Ängste und Unterwerfungsfantasien im Namen eines diffusen Gefühls-Pazifismus aktiviert. Die überall aus den Fenstern hängenden weißen Bettlaken verwandelten sich in Symbole einer vorauseilenden psychologischen Kapitulation, die eine Sehnsucht nach Schuldlosigkeit signalisierten, obwohl man am Kriegsgeschehen überhaupt nicht beteiligt war. Transparente mit der Aufschrift »Wann sind wir die Wüste?« prangten am Eingang der Berliner Humboldt-Universität.

Die narzisstische Einbildung, selbst zu den nächsten Opfern zu gehören – die angstgetriebene Imagination eines drohenden Weltkriegs –, verband sich bei linken Intellektuellen und Politikern mit einer absurden Täter-Opfer-Umkehr. »Die irakischen Raketenangriffe auf Israel sind die logische, fast zwingende Folge der israelischen Politik«, sagte Hans-Christian Ströbele, lange Zeit linke Leitfigur der Grünen. Saddam Hussein, der Kuwait gewaltsam besetzt hatte, wurde, so die abstruse Logik, von Israel derart provoziert, dass ihm nichts anderes übrig blieb, als mit Scud-Raketen auf Tel Aviv zu antworten, wo die Menschen mit Gasmasken in die Schutzkeller flüchten mussten.

Israel war selbst schuld. Mehr noch: Israel war die eigentliche Gefahr für den Weltfrieden, nicht der blutrünstige Diktator. Diese antisemitische Pseudo-Argumentation eines feigen Denkens mögen viele längst vergessen haben, doch der Mechanismus ist auch heute noch virulent.

»Angst essen Seele auf« heißt ein Film von Rainer Werner Fassbinder aus dem Jahr 1974. Angst kann aber auch den Verstand fressen und die Moral dazu. Man schlägt sich vorsorglich auf die Seite des Aggressors, um nicht selbst sein Opfer zu werden. Die »März-Gefallenen« von 1933, darunter Kommunisten und ehemalige Mitglieder des Rotfrontkämpferbunds, die nach den Reichstagswahlen massenhaft zu Hitlers NSDAP überliefen, folgten demselben psychologischen Schema: moralischer Selbstmord aus Angst vor dem Tod.

In unseren Tagen erweist sich die »German Angst« in ihrer Mischung aus apokalyptischen Ahnungen, politischem Generalverdacht und ängstlicher Technikskepsis als ein wesentliches Hindernis, mehr Entschlossenheit aufzubringen, um so schnell wie möglich wieder normale Verhältnisse zu erreichen.

Je länger die Krise dauerte, desto offensichtlicher wurde auch, dass viele Spitzenkräfte des politischen Betriebs einer falschen Selbsteinschätzung unterliegen: Vom echten Leben »draußen im Lande« haben sie entgegen allen Beteuerungen, »nah am Menschen« zu sein, eher weniger Ahnung. All die in stundenlangen Konferenzen zusammengestrickten »Stufenpläne« waren nicht nur kurz darauf Makulatur, weil die Bundesländer sie verschieden interpretierten – sie gingen auch an der Realität einer Gesellschaft vorbei, die »bunt« zu nennen noch eine schöne Untertreibung ist.

Gerade die Apologeten der »Weltoffenheit« wissen am wenigsten, wie sie im Alltag aussieht. So werden Vorschriften erlassen, von denen viele, die sie am dringendsten befolgen sollten, gar nichts wissen. Womöglich auch deshalb, weil sie eher türkisches Fernsehen als *Tagesschau* und *heute* einschalten – von fehlenden Deutschkenntnissen zu schweigen. Auch das Idealbild der deutschen Kernfamilie entspricht in vielen Großstädten nicht mehr ganz der sozialen Wirklichkeit, unter anderem dort zum Beispiel, wo es – in den Worten des früheren SPD-Vorsitzenden Sigmar Gabriel – »dampft und brodelt, manchmal riecht, gelegentlich auch stinkt«, zuweilen schießt und knallt, wo also ganz andere Zustände herrschen als in Hamburg-Harvestehude oder im »Tatort« aus Münster, zu Hause bei Professor Börne, in Ministerbüros, Konferenzräumen, Fernsehstudios und reetgedeckten Ferienhäusern.

»Als eine ganze Reihe von Städten Alarm geschlagen hat, durch die massive Zuwanderung aus Südosteuropa drohe das soziale Gefüge durcheinanderzugeraten, ist viel zu wenig passiert«, sagt der Bundesvorsitzende der Sozialdemokratischen Gemeinschaft für Kommunalpolitik und ehemalige Oberbürgermeister von Gelsenkirchen Frank Baranowski. »Die Verwerfungen, die sich in den betroffenen Städten ergeben, werden von der Bundesebene zu sehr ausgeblendet. Frei nach dem Motto: Weil nicht sein kann, was nicht sein darf.«

>>> <<<

Deshalb sollten gerade jene, die populistischer Politikverachtung ebenso widersprechen wie Fremdenhass und Ausländerfeindlichkeit, über die ganz besondere Parallelwelt nicht schweigen, in der sich viele Angehörige der politisch-medialen Klasse, einst »Elite« genannt, inzwischen häuslich eingerichtet haben. Dabei geht es, trotz der Raffgier etlicher CDU-Bundestagsabgeordneter, weniger um materielle Privilegien als um die spezifische kulturelle Blase dieser Parallelgesellschaft – und ihr rhetorisches Stilmittel Nummer 1: die immerwährende Sonntagsrede.

Längst findet sie die ganze Woche über statt – ein Großmeister in dieser Disziplin: Bundespräsident Steinmeier, Platz 2: Wirtschaftsminister Altmaier – und erweist sich häufig als selbstgestellte Falle für die eigene Realitätswahrnehmung. Im Kern handelt es sich um eine systematische Selbsttäuschung voller nebelhafter Floskeln, Wohlfühl-Sentenzen und moralischer Appelle, die den genauen, zuweilen schmerzhaften Blick auf die Wirklichkeit durch schöne Wünsche und Abwehrreflexe ersetzen. Statt starker Ideen beherrschen schwache Allerweltsformeln und weichgespülte Politpoesie die öffentliche Kommunikation.

Paradebeispiele dieser Wunsch-Wirklichkeit-Verwechslung sind das »Gute-Kita-Gesetz«, das »Starke-Familien-Gesetz« und das geplante »Wehrhafte-Demokratie-Fördergesetz«, sämtlich sozialdemokratische PR-Erfindungen. Und so funktioniert die Werbebotschaft: Der Interventions- und Wohlfahrtsstaat benotet sich a priori selbst mit 2+, bevor er Milliarden Steuergelder in neue Transferleistungen steckt, von denen inzwischen beinah jeder zweite Bürger profitiert. Wie »wehrhaft« die Demokratie, wie »stark« die Familien und wie »gut« die Kitas danach sein werden, kann selbstverständlich niemand wissen, erst recht angesichts der Tatsache, dass immer noch mehr als 300.000 Kitaplätze fehlen. Über die Qualität der jeweiligen Betreuung freilich sagt auch das noch nichts aus.

Aber darauf kommt es in Deutschland auch immer weniger an. Die gute Absicht zählt, und zwar jene, die die verantwortlichen Politiker sich selbst ans Revers heften. Kritik kann da nur von böswilligen Krämerseelen und neoliberalen Sparaposteln kommen, die nicht wollen, dass man »Geld in die Hand« nimmt, um etwas »Gutes« für die Kinder zu tun. Wer glaubt, Gutes könne durchaus, wie in grauer Vorzeit, auch zu Hause geschehen, manchmal sogar ganz ohne Geld vom Staat, ist von vorgestern und sollte sich wahrscheinlich »schämen« (SPD-Chefin Saskia Esken), am meisten diejenigen, die als austragendes Elternteil auch noch Mutter spielen wollen.

Dies gilt umso mehr, als das Geld, das in die Hand genommen wird, massenhaft und schier unbegrenzt vorhanden zu sein scheint. Was früher ein Haushalts- oder Staatsdefizit war, das dringend abgebaut werden musste, ist heute die wundersame »Bazooka«, mit der Finanzminister und SPD-Kanzlerkandidat Olaf Scholz – Lieblingspose: kleiner Mann ganz groß – als hanseatische Mischung aus Bruce Willis, Sylvester Stallone und Arnold Schwarzenegger Hunderte von Milliarden genregerecht »rausballert«, um Wirtschaft und Gesellschaft zu retten.

Das gigantische 750-Milliarden-Coronaprogramm der EU kommt noch hinzu, auf das nicht nur die italienische Mafia sehnlichst wartet, die sich schon in marode Unternehmen einkauft, um anschließend von den Hilfsgeldern zu profitieren. Davor muss immerhin noch das Bundesverfassungsgericht entscheiden.

Die millionenschweren Betrügereien bei den deutschen Corona-Hilfen sollten ein deutliches Warnzeichen sein, aber immer noch haben führende Politiker nicht begriffen, dass die unentwegte Ausweitung staatlicher Milliardenzahlungen jeglicher Art die Chancen auf kriminelle Mitnahmeeffekte weiter anwachsen lässt. Die Verlockungen sind zu groß und die Kontrollmechanismen des Staates zu ineffektiv.

Durch die Pandemie ist der Berg der Fantastilliarden nun noch größer geworden. Längst entzieht er sich der normalen Vorstellungskraft, sieht man von jenen ab, denen es mit Erfindungsreichtum gelungen ist, einen Teil davon auf die eigenen Konten zu lenken. Dass es sich bei all dem nicht um Monopoly-Spielgeld handelt, mag der eine oder andere zwischenzeitlich vergessen haben, denn spätestens seit der Finanz- und Schuldenkrise 2008 liegen die nur abstrakt begreifbaren Unsummen ja stets griffbereit. Eine Null mehr oder weniger spielt da keine Rolle.

Während die Politik unermüdlich und selbstgewiss für das Gute streitet, macht der Mensch, aus »krummem Holz geschnitzt«, wie Immanuel Kant sagte, sein eigenes Ding. Er nimmt, was er kriegen kann, schimpft auf die Regierung, klagt beim Staat aber jeden Cent ein, der ihm vermeintlich zusteht. Und er fordert gerne mehr. So ist er Realist und Fantast zugleich, Staatsbürger und Opportunist, nicht selten auch ein kleiner Feigling, der auf dicke Hose macht.

Aus Heinrich Manns deutschem Untertan ist inzwischen ein kleiner Coffee-to-go-Egomane geworden – weniger genialer Lebenskünstler als ein um sich selbst kreisender Selfie-Spießer voller Ansprüche an die Welt, die er an sich nie stellen würde. Er hält seine Strategie individueller Lebensoptimierung – Werbebotschaft: »Unterm Strich zähl ich!« – für exklusiven Hedonismus, den er gerne mit der moralischen Münze veredelt: identitäre Weltrettungspolitik im Ich-Format. Die Freiheit der anderen ist dem Ego-Bürger nicht mehr die Bedingung seiner eigenen Freiheit – nein, er ist das Maß der Dinge.

Die Frankfurter Sozialwissenschaftlerin Ulrike Ackermann hat in einem Interview mit der *Neuen Zürcher Zeitung* jüngst darauf hingewiesen, dass die freiheitliche Demokratie gerade in Krisenzeiten dringend auf Bürgerinnen und Bürger angewiesen ist, die der Herausforderung intellektuell wie psychisch gewachsen sind. »Wir brauchen starke Persönlichkeiten, Leute mit Ambiguitätstoleranz, Leute, die Ambivalenzen aushalten und erkennen können. Wir sind nicht zuletzt in dieser Krise, weil eine geistige Austrocknung der Eliten stattgefunden hat. Das hat natürlich damit zu tun, dass wir uns ein Bildungssystem leisten, das nicht die besten Leute hervorbringt, sondern im Prinzip Jasager und Opportunisten herausspült. So ein Mittelmaß haben sie dann in den Leistungseliten.«

Dazu gesellen sich eine niedrige Frustrationsschwelle und eine hohe individuelle Verletzlichkeit, die gewiss mit jener narzisstisch geprägten Egozentrik zu tun haben, die nicht zufällig auch in der Mode der »Identitätspolitik« ihren politischen Niederschlag gefunden hat. Sahra Wagenknecht hat in dieser Szene jüngst das Phänomen der »Lifestyle-Linken« entdeckt. Unvermeidliche Krisen und Konflikte werden als direkte Bedrohung der eigenen Existenz, der sorgfältig konstruierten, kostbaren Identität, wahrgenommen. Das robuste Aushalten von Widersprüchen und »Unverfügbarkeiten«, also die pragmatische Konfrontation mit Umständen, die vom Einzelnen nicht oder nur schwer zu beeinflussen sind, wird zur eher seltenen Tugend.

Wahrscheinlich haben dazu auch die Autoritäts- und Orientierungsverluste der letzten Jahre und Jahrzehnte beigetragen. Sie sind Begleiterscheinungen der allgemeinen gesellschaftlichen Liberalisierung, in deren Folge es so gut wie keine selbstverständlich akzeptierten Institutionen und Autoritäten mehr zu geben scheint – weder Lehrer noch Pfarrer, weder Konzernbosse noch Spitzenpolitiker, nicht einmal Feuerwehrleute, Notärzte und Rettungssanitäter, schon gar nicht Polizeibeamte, ganz zu schweigen von Journalisten, Politikern, Rechtsanwälten, Bankberatern und Versicherungsvertretern.

Überkommene Begriffe wie Verantwortungsbewusstsein, Gesetzestreue und Pflichterfüllung sind weithin zu Fremdwörtern geworden. Glücklicherweise ist die preußische Tradition des Gehorsams, die in der Nazizeit zur blinden Gefolgschaft gegenüber dem »Führer« pervertiert wurde, schon lange durch eine Kultur der Kritik verdrängt worden. Die Fähigkeit der Gesellschaft, sich selbst und ihre führenden Repräsentanten immer wieder infrage zu stellen, ist eine Errungenschaft, die in weiten Teilen der Welt als traumhafte Utopie erscheint. Doch die demokratischen Tugenden von Skepsis und Zweifel schlagen dort in ihr Gegenteil um, wo sie prinzipielles Misstrauen und einen antidemokratischen Obskurantismus bedienen, der an nichts mehr glaubt als an die Prediger der eigenen Meinungssekte.

»Diese neue Distanz zur Verantwortung ist eine Konsequenz des Wertewandels«, sagt der Passauer Politikprofessor Heinrich Oberreuter, »des Trends zur Individualisierung in der Gesellschaft und der Priorität der Nutzenmaximierung der Individuen.«

Die Entwicklung durchzieht fast alle sozialen Klassen und Gruppen, sie betrifft die beiden großen christlichen Kirchen ebenso wie Gewerkschaften und Traditionsvereine, die altes Brauchtum pflegen. Neue Lebensstile bringen immer neue Konsumentenmilieus und politische Organisationsformen hervor, die mit den alten politischen Lagern nichts mehr zu tun haben. Die klassischen Parteien trifft dieser Prozess am härtesten. Ihre Mitgliederzahlen haben sich im Schnitt halbiert.

Am stärksten betroffen sind die großen Volksparteien, die nach dem Krieg den Aufstieg der zweiten deutschen Republik geprägt haben. Schlagend ist der Vergleich der Wahlergebnisse aus den letzten fünfzig Jahren: Kamen CDU/CSU und SPD bei der Bundestagswahl 1972 zusammen noch auf 90,7 Prozent der Zweitstimmen, so waren es 2017 gerade noch 53,4 Prozent. Bei der kommenden Bundestagswahl könnte der Wert zum ersten Mal unter 50 Prozent fallen.

>>> <<<

Die Erosion der politischen Landschaft hat sich durch die letzten Landtagswahlen noch beschleunigt. Inzwischen ist es sogar denkbar geworden, dass die Christlich-Demokratische Union, über Jahrzehnte die deutsche Kanzlerpartei schlechthin, ihren Charakter als dominierende Regierungskraft verliert. Deshalb ist das harte Urteil des Chefredakteurs der *Welt*, Ulf Poschardt, der die Nach-Merkel-CDU schon mal als »Sanierungsfall« bezeichnet hatte, keine isolierte Einzelmeinung mehr: »Merkel, die Uneitle, hat ihre repräsentative Kargheit und ihre verkniffene Unsouveränität, die auch machiavellistische Arroganz sein könnte, über ihre ganze Partei gestülpt. Jetzt muckelt die CDU sich mit zu vielen Opportunisten und Angsthasen ihrem Ende als Volkspartei entgegen.«

Sogar die *Süddeutsche Zeitung,* die sich nach 2015 offen zum Merkelismus bekehrte, sieht schwere Zeiten auf CDU und CSU zukommen: »Jetzt holt sie die Tatsache ein, dass nicht nur Angela Merkel nach 16 Jahren ziemlich müde die Bühne verlassen wird.«

Auch Deutschland wirkt müde, ausgelaugt und erschöpft. »Die neue deutsche Unfähigkeit« hat es auf den Titel des

Spiegel geschafft. Dabei geht es gar nicht nur um das Missmanagement der Corona-Pandemie, sondern um die bräsige, weithin ideenlose Mittelmäßigkeit, mit der sich die politische Klasse in Richtung Bundestagswahl schleppt. Die konkurrierenden Protagonisten, die Spitzen- und Kanzlerkandidaten, verströmen samt und sonders keinen greifbaren, gar mitreißenden Aufbruchswillen, keine Aura von Hoffnung und zupackendem Optimismus. Vor allem CDU und CSU wirken politisch ausgemerkelt, pardon: ausgemergelt. Auch der neue CDU-Vorsitzende Armin Laschet, der wandelnde Kompromiss der mittleren CDU-Funktionärsschicht, erscheint nicht als die Persönlichkeit, die die Union zu neuen Ufern führen könnte. Kein Wunder, dass davon am ehesten die Grünen profitieren, die sich anschicken, auf den Wogen des Zeitgeists ins Kanzleramt zu surfen.

Doch das, was einst das »bürgerlich-liberale Lager« war, existiert nicht mehr, weder politisch noch kulturell. Immerhin gibt es noch Wähler und Wählerinnen, die auf der Suche nach dem sind, was den Kern dieser einst mehrheitsfähigen politischen Mitte ausgemacht hat: eine klare marktwirtschaftliche Orientierung, das Ringen um Vernunft und Augenmaß, der Versuch, Selbstbewusstsein mit Vertrauenswürdigkeit zu verbinden, ja, eine gewisse, demokratisch legitimierte Autorität auszustrahlen, die gerne auch charismatische Züge tragen durfte. Nicht zuletzt: der offen ausgetragene Streit über die Probleme, denen sich das Land gegenübersieht.

Wer alt genug ist, erinnert sich an die jährlichen Haushaltsdebatten im Bundestag, in denen die Opposition die Lage meist in schwarzen Farben malte, während die Regierungsparteien überwiegend in Rosarot schwelgten, Zwischentöne inklusive. Doch in den tagelangen Diskussionen, die damals noch vom öffentlich-rechtlichen Fernsehen live übertragen wurden und an Schärfe nichts zu wünschen übrig ließen, konnte man sich durchaus ein Bild machen, das der Wahrheit wenigstens nahekam. Es mag sein, dass die Rückschau trügerisch ist, doch die politischen Alternativen waren deutlicher erkennbar als heute. In der Kakophonie der aktuellen Skandalisierungs- und Empörungskultur mit ihren absurden extremistischen Ausbuchtungen werden die Konturen eher verwirrt als geklärt.

Der Mainzer Politikwissenschaftler Andreas Rödder, selbst CDU-Mitglied, formuliert einen zentralen Aspekt des Problems: »Während viele CDU-Leute den Begriff *konservativ* in den letzten Jahren nicht mal mehr mit spitzen Fingern anfassen wollten«, hätten führende Grüne wie Kretschmann ihn geradezu gepflegt. »Worauf wir uns verlassen wollen: Für eine neue Idee des Konservativen« lautete der Titel eines seiner letzten Bücher aus dem Jahr 2018.

Es ist ein offenes Geheimnis: Der frisch wiedergewählte baden-württembergische Ministerpräsident Winfried Kretschmann verkörpert genau das, was einst die CDU auszeichnete: Autorität, Verlässlichkeit, Glaubwürdigkeit. Mit dem Linksradikalismus der Kreuzberger Grünen hat er freilich nichts zu tun. Womöglich liegt ein weiteres Geheimnis noch darunter: Wer in seiner Jugend, wie auch Kretschmann, ausgiebig seine revolutionäre Sehnsucht ausgelebt und dabei noch einmal alle marxistischen, leninistischen und maoistischen Theorien durchexerziert hat, der ist später so gut wie geimpft gegen radikale, gar totalitäre Versuchungen.

Umso erstaunlicher, dass die CDU, wie Professor Rödder kritisiert, »im Stillen die Auseinandersetzung um die Begriffe aufgegeben« hat: »Bestes Beispiel ist die Ablösung des Begriffs ›Gleichberechtigung‹ durch ›Gleichstellung‹: ›Gleichberechti-

142

gung‹ zielt auf Startchancen und ist liberal, ›Gleichstellung‹ zielt auf Ergebnisse und ist staatsinterventionistisch. Wenn man sich die Begriffe abhandeln lässt, merkt man hinterher nicht einmal, dass man eine andere, dass man linke Politik macht.« Letztlich müsse die CDU eine überzeugende Antwort auf die Frage finden, warum man eigentlich die Union und nicht gleich die Grünen wählen solle.

››› ‹‹‹

Das fragen sich allerdings viele Zeitgenossen, die im ewigen Hin und Her der Lockdowns jede Menge Zeit hatten, sich über die politische Zukunft des Landes, das im Augenblick so orientierungslos wirkt wie lange nicht, ein paar Gedanken zu machen. Immerhin dürfen sie das noch in einer geräumigen Altbauwohnung mit Balkon oder in einem schönen Garten tun, wo sich die virenlastigen Aerosole rasch verflüchtigen und man bei einer Flasche Gigondas eine gesellige Tour d'Horizon unternehmen kann.

Ginge es nach der einzigen deutschen Inhaberin eines Lehrstuhls für Wohnsoziologie, der Stuttgarter Professorin Christine Hannemann, wäre es damit allerdings bald vorbei. In Zukunft dürfe niemand mehr als 25 Quadratmeter für sich beanspruchen, und das auch nur in verdichteten Stadträumen mit zahlreichen, neu gebauten Gemeinschaftsunterkünften – davon jedenfalls ist Hannemann überzeugt, die ihr Studium an der Berliner Humboldt-Universität mit einem Diplom in marxistisch-leninistischer Soziologie abschloss, unweit der großen DDR-Plattenbauten an der Leipziger Straße, die offenbar wieder zum architektonischen Vorbild werden sollen.

In ihrer utopischen Zukunftsvorstellung soll mithilfe ehrlich empfundener »Wohnscham«, analog zur »Flugscham«, unser Leben klimaverträglich gestaltet werden. Die unentrinnbare Logik schließt jeden Zweifel aus: »Wir sind der Ballast dieser Erde. Wir müssen anders wohnen. Oder wir gehen unter«, vertraute sie dem *Spiegel* an, ohne eine genaue Frist bis zum Weltuntergang zu nennen.

Dass hier wieder Scham und Schuld des Menschen, letztlich die Ursünde, die zentralen Motive einer Weltrettungsidee sind, die sich als Wissenschaft ausgibt, passt in die gesellschaftliche Gesamtsituation. Ein neuer Kollektivismus voller Gebote und Verbote kündigt sich an – mit einem beinah mittelalterlichen Menschenbild, wie es Egon Friedell in seiner »Kulturgeschichte der Neuzeit« gezeichnet hat: »Damals glaubte man wirklich an alles; man glaubte an Wahres und Falsches, Weises und Wahnsinniges, an Heilige und Hexen.« Über allem stand das unsichtbare Motto: *Universalia sunt realia* – nur die Ideen sind wirklich, der Glaube ist alles.

Tausend Jahre später feiert der Gedanke Wiederauferstehung, kehren Blitz und Donner, Himmel und Hölle zurück, denn wir, die Menschen, sind der Ballast der Erde, und sie droht, uns endgültig abzuschütteln. Der Klimagott sieht alles und verzeiht nichts. Deshalb müssen wir wie die Schafe unter dem zürnenden Firmament zusammenrücken und uns in Wohnsilos pferchen lassen, in denen eine eigene Badewanne schon purer Luxus wäre. Die jahrhundertelangen Kämpfe um menschenwürdiges Wohnen jenseits dunkler, drangvoller Hinterhöfe sind genauso vergessen wie der berühmte Satz von Heinrich Zille, man könne einen Menschen »mit einer Wohnung erschlagen« wie mit einer Axt.

In einem ruhigen, grünen Charlottenburger Hinterhof ist man da ganz anderer Meinung und würde sich im Zweifel für die Untergangsversion entscheiden. Die alternative Option wäre kein Leben, für das es sich lohnen würde, zu sterben. Im stundenlangen Gespräch zwischen Ärzten und Anwältinnen, Schriftstellern und Journalisten, die meisten mit akademischem Revoluzzer-Hintergrund, kommt man immer wieder auf ein Thema – *das* Metathema dieser Tage schlechthin: Was kann man noch sagen – von »dürfen« ist nicht die Rede –, ohne in vermeintlich schlechte Gesellschaft zu geraten? Wo ist der klare, unvoreingenommene Blick auf die Wirklichkeit geblieben? Und wie ist es eigentlich so weit gekommen?

Immer wieder spüren die streitbaren Charlottenburger Gartengeister mit Hang zum frühen Amarone auch bei sich die Versuchung, bei einem bestimmten Argument oder auch nur bei der pointierten Beschreibung einer Tatsache kurz daran zu denken, in welche politische Nachbarschaft einen das bringen könnte, genauer: andere einen bringen könnten nach dem Muster: »Du redest ja wie…, das könnte auch von …«, »das klingt ja nach …«

Und es stimmt: Immer häufiger wird das frei gesprochene, halb private, halb öffentliche Wort aus dem Kontext seines individuellen Wahrheitsanspruchs gerissen, um es zu skandalisieren und in einen ideologisch aufgeladenen Kosmos – neudeutsch: in die »Blase« – zu katapultieren, wo moralische Blitzurteile im Minutentakt gefällt werden – ohne Revisionsinstanz. Der »Shitstorm« ist zum zeitgemäßen Standgericht eines virtuellen Mobs geworden, der mit Schwarmintelligenz leider gar nichts zu tun hat.

Dabei trägt das neue Jakobinertum – die Älteren erinnern sich – zuweilen putzige Züge. So wollen die Kölner Jusos beim nächsten SPD-Parteitag den Antrag stellen, der Stadtrat möge die Karnevals-Kostümierung als »Indianer« verbieten. Warum schießwütige, breitbeinige und bleichgesichtige Cowboys mit Perlmutt-Colt à la John Wayne und kugelsattem Patronengürtel – ein klassisches »Stereotyp« der amerikanischen Eroberungskultur Marke »Go West« – unbeanstandet bleiben, weiß vielleicht nur Kevin Kühnert. Apropos: Auch das Frauenbild der »Funkenmariechen« bedürfte einer gründlichen stereotypkritischen und diversitäts-soziologischen Untersuchung durch eine queer-feministische Forschungsgruppe der SPD-Grundwertekommission.

Selbst führende Grüne geraten da manchmal ins Schwimmen. Bettina Jarasch, Spitzenkandidatin für die Wahl zum Berliner Abgeordnetenhaus, möglicherweise die nächste Regierende Bürgermeisterin, beantwortete auf dem Berliner Grünen-Parteitag die Frage nach ihrem Berufswunsch, den sie als Kind gehabt habe, mit »Indianerhäuptling«. Später entschuldigte sie sich, sprach von »unreflektierten Kindheitserinnerungen« und gelobte »dazuzulernen«. Auf dem Parteitagsvideo erscheint an dieser Stelle ein Warnhinweis.

So lächerlich all das auf den ersten Blick wirkt, so sehr kann diese neue Art des Tugendfurors, den schon Altbundespräsident Joachim Gauck beklagte, am Ende die Freiheit insgesamt bedrohen, wenn er endemisch wird. Zunächst aber zersetzt dieser Politbüro-Radikalismus im Bonsai-Format den öffentlichen Raum freier, angstfreier Diskussion, macht dumm und blind. Leider hat sich hierzulande, wenn nicht alles täuscht, schon ein stilles Duckmäusertum breitgemacht, das den Weg des geringsten Widerstands geht. Die gefährlichste Wirkung dieser freiwilligen Selbstkontrolle bei der Betrachtung der Welt ist ein unmerklich wachsender Realitätsverlust. Es droht die Rückkehr konkurrierender Glaubensgemeinschaften.

Umso wichtiger wäre ein neuer, selbstbewusster Realismus, der sich in der Mitte der Gesellschaft wieder Platz verschafft. Die räsonierende Öffentlichkeit braucht mehr Raum und weniger Grenzzäune, mehr Mut zur Auseinandersetzung und weniger Angst vor der Zumutung, die all die empfindlichen, kränkungsanfälligen Super-Egos systematisch zu vermeiden suchen: die Meinung der anderen.

»Wer Triggerwarnungen fordert, erwartet eine störungsfreie Öffentlichkeit«, kritisiert der Autor Bernd Stegemann die verführerische Scheinsicherheit selbstgefälliger »Safe Spaces«, in denen man unter seinesgleichen ist. »Je weniger man gelernt hat, mit der Abweichung zu leben, desto gefährlicher erscheint sie und desto radikaler muss sie ausgegrenzt werden.«

Exakt diese Logik findet sich auch auf der extrem rechten Seite des politischen Spektrums. Es handelt sich gegenwärtig also um einen Zangenangriff auf die liberale demokratische Öffentlichkeit, in der weder Hautfarbe noch Herkunft entscheidend sind, weder die Zeitung, für die jemand arbeitet, noch das Jahreseinkommen, weder die Parteizugehörigkeit noch die Lieblingssportart.

Es gilt allein das gesprochene Wort. Und: Denken reicht. Es braucht kein »Querdenken«, das am Ende auf Garnichtdenken hinausläuft.

In den kommenden Monaten bis zur Bundestagswahl wird sich zeigen, ob die – dann hoffentlich post-pandemische – Gesellschaft nicht nur ihre alten Freiheiten zurückholen kann, sondern auch neue erobert. Die wichtigste wäre die Wiedergewinnung einer kontroversen, aber sachbezogenen Debatte über die Zukunft der liberalen Gesellschaft und ein striktes Tempolimit beim *Posten, Twittern* und *Liken* feuriger Glaubensbekenntnisse.

Beispiele für die praktische Bewährung einer neuen Debattenkultur gäbe es genug.

So hat das notorisch liberale Dänemark angekündigt, eine Höchstmarke für Anwohner »nicht-westlicher« Herkunft einzuführen. Das Gesetz sieht vor, dass binnen zehn Jahren in Stadtvierteln eine Grenze von 30 Prozent gelten soll, um das Risiko der Entstehung von religiösen und kulturellen Parallelgesellschaften zu senken. Eine fast schon verwegen praktische Idee. Jeder, der in Deutschland einen solchen Vorschlag äußern würde, stünde umgehend als »Rassist« und »Ethnozentrist« am Pranger der Öffentlichkeit.

Was bei uns kein führender Christdemokrat wagen würde – Mette Frederiksen, die 44-jährige sozialdemokratische Ministerpräsidentin unseres nördlichen Nachbarlandes, hat es einfach gemacht. Zur Begründung formulierte sie einen Satz, der auch auf andere Staaten Europas zutrifft: »Wir haben viel zu viele Jahre die Augen vor der Entwicklung verschlossen, die auf dem Weg war, und erst dann gehandelt, als die Integrationsprobleme zu groß geworden sind.«

Auch die aktuelle Masseneinwanderung an der amerikanischen Südgrenze nach der Lockerung des Grenzregimes durch den neuen Präsidenten Joe Biden könnte zum vertieften Nachdenken über das schwierige Verhältnis von Migration und Integration führen, dem mit moralischen Appellen nicht beizukommen ist.

Das, was Willy Brandt vor einem halben Jahrhundert den Nord-Süd-Dialog genannt hat, müsste wiederbelebt und auf eine völlig neue Grundlage gestellt werden. Nicht nur Unterdrückung, Armut, Bürgerkriege und islamistische Gewalt in vielen Ländern des globalen Südens, sondern auch die demografische Entwicklung in weiten Teilen Afrikas, über die hierzulande der Mantel des Schweigens ausgebreitet wird, sorgen dafür, dass es beim Dialog wahrlich nicht bleiben kann. Neue Flüchtlingsströme sind absehbar, die Europa vor bislang unbekannte Herausforderungen stellen werden.

Apropos Europa: Die Corona-Krise ist nur das neueste Beispiel dafür, wie weit die Vision eines starken, vereint handelnden Europa von der Wirklichkeit entfernt ist. Ob Euro-, Finanz-, Migrations- oder Klimakrise – die Fliehkräfte nehmen zu, die teils gravierenden kulturellen, wirtschaftlichen und politischen Unterschiede werden immer deutlicher. Zuweilen schießen, wie in Italien und Griechenland, gar alte Feindseligkeiten wieder hoch, die aus den Abgründen des 20. Jahrhunderts stammen. Dann erscheinen die Deutschen plötzlich wieder als neoliberale Spar-Nazis, die wie Richard Wagners Alberich auf ihrem Goldschatz sitzen und nichts weiter im Sinn haben, als die »faulen« Südeuropäer zu unterjochen und in die Zinsknechtschaft zu treiben.

Absurde Vorgänge wie die, dass in den EU-Ländern Griechenland und Italien bereits registrierte oder anerkannte Asylbewerber, die illegal nach Deutschland weitergereist sind, nicht zurückgebracht werden dürfen, weil in den beiden Mittelmeerstaaten keine menschenwürdige Unterbringung gewährleistet sei, unterminieren die politischen und moralischen Grundlagen der Europäischen Union, ja, machen sie geradezu lächerlich.

So gerät die rettende Idee vieler Deutscher, vor der ewig heiklen Frage nach Heimat und Nation in den Schoß Europas zu fliehen, immer wieder in Konflikt mit der Realität. »Die Unfähigkeit Deutschlands, im Jahre 31 nach der Wiedervereinigung und ein Dreivierteljahrhundert nach Ende des Zweiten Weltkriegs ein Selbstverständnis als Nation zu entwickeln, ist beunruhigend«, stellen die Publizisten Jörg Hackeschmidt und

Caroline König zu Recht fest und stimmen darin Hamed Abdel-Samad, Ahmad Mansour, Necla Kelek und vielen anderen zu, denen dieser Befund umso einleuchtender erscheint, als sie gar nicht in Deutschland geboren sind.

Gerade die Nicht- oder Noch-nicht-Deutschen wären aber dringend darauf angewiesen, zu wissen, was das Land im Kern zusammenhält, das zu ihrer neuen Heimat geworden ist: »Dabei könnte ein weltoffener Patriotismus umfassend integrative Kraft entfalten, wenn es darum geht, sich den Herausforderungen des 21. Jahrhunderts zu stellen. Das Konzept des Nationalstaats ist im Übrigen aus guten Gründen die Norm – in Europa wie in der Welt. Deutschland hat jetzt die Chance, zu einer ›Willensnation‹ zu werden, wie es die Schweiz oder Kanada schon immer sind. Letztlich ist es ganz einfach: Eine moderne Nation ist, was sie sein *will*.«

Ja, es könnte so einfach sein. Wenn man nur wollte. Wenn man die eingeübten Reflexe, links wie rechts, endlich ablegen könnte. Wenn der allgegenwärtige strukturelle Moralismus nicht mehr als Ersatzreligion, als Lückenbüßer für Selbstbewusstsein und Staatsräson gebraucht würde, obwohl er mit nationalistischem Größenwahn mehr gemeinsam hat, als einem lieb sein kann.

Es wird dauern, und wer weiß, vielleicht werden am Ende die Zugewanderten, unter denen gewiss viele »neue Deutsche« wären, wie Herfried Münkler sie nennt, die »alten Deutschen« dazu zwingen, das gemeinsame Selbstbewusstsein einer modernen Nation zu entwickeln. Einfach deshalb, weil es anders nicht geht. Das wäre dann schon fast wieder ein historisch-dialektischer Vorgang.

Fürs Erste gäbe es da noch einen praktischen Vorschlag von Harald Schmidt, den er schon vor einigen Jahren geäußert hat.

Motto: Selbsterkenntnis via Weltreise, Einsicht per Easy Jet. Sie sollte Pflicht für alle Deutschen werden. Über Dauer und genaue Ausgestaltung machte der *Emeritus humoris causa* keine Angaben, doch er war sich sicher: »Zehn Prozent kämen nicht mehr zurück, weil sie es woanders besser finden – und der Rest kommt über die Grenze und sagt:

Danke, dass ich wieder rein darf!«

NACHWORT

Es ist lange her, dass die politische und gesellschaftliche Situation in Deutschland derart aufgewühlt und unübersichtlich war wie in diesen Tagen – nach fünfzehn Monaten Pandemie und kurz vor der Bundestagswahl. Dabei verbinden sich Ärger, Anspannung und Dauerstress, Unsicherheit und Enttäuschung zu einer Melange, die bei den einen zu Protest und Wutausbrüchen, bei anderen aber zu Lähmung, Angst und Resignation führt. Schon fordern ostdeutsche Politiker mit persönlichen Erfahrungen aus der »Wendezeit« beim Untergang der DDR »Runde Tische«, um den »Zusammenhalt der Gesellschaft« zu retten.

Gerechterweise muss man sagen, dass die soziale Lage in anderen europäischen Ländern deutlich schwieriger ist, was nicht nur ökonomische Gründe hat. Dennoch ist klar, dass die Corona-Krise die strukturellen Probleme in Deutschland, aber auch die verbreitete Mentalität des absoluten »Sicherheitsdenkens« ziemlich gnadenlos offengelegt hat. Vieles passiert zu langsam und zu umständlich. Dafür wird es dann umso teurer.

Freilich zeigt der Blick nach Frankreich, Spanien oder Italien, dass es auch woanders gewaltig hakt. Selbst die so vorbildlich organisierte Schweiz muss sich scharfe Kritik vom Chefredakteur ihrer renommiertesten Zeitung gefallen lassen. Die Schweizer Impfkampagne gleiche »einer Groteske«, urteilte der *NZZ*-Chefredakteur: »Den dritten Impfstoff, der gerade die Zulassung erhielt, hat man nicht bestellt. Was geordert wurde, ist noch nicht zugelassen.«

Dennoch besteht hierzulande für Hochmut Marke Effizienz-Weltmeister kein Grund. Auch die sich pandemisch ausbreitende Humorlosigkeit im Lande, die allzu oft mit Ernsthaftigkeit verwechselt wird, ist kein Ersatz für gute Politik. »Der Staat wird immer weniger als funktionsfähig wahrgenommen«, heißt es in einer aktuellen Studie des Instituts für Demoskopie in Allensbach. »Während 72 Prozent den Unternehmen in Deutschland eine hohe Effizienz attestieren, fällen nur 22 Prozent ein ähnliches Urteil in Bezug auf den Staat. Die Mehrheit hat den Eindruck, dass die Ämter und Behörden in der Krise weniger funktionsfähig waren als zuvor. Geradezu vernichtend fällt das Urteil über die digitale Ausstattung der staatlich verantworteten Bereiche aus, seien es Gesundheitsämter, Schulen, Behörden oder Sicherheitsorgane.«

Die gute Nachricht: Hier blitzt eine realistische Einschätzung der Lage auf. Bemerkenswert, dass das unter Kulturschaffenden und Medienmenschen so beliebte Ressentiment, letztlich sei der Kapitalismus an alldem schuld, so wenig Resonanz erfährt wie die Behauptung, der Staat würde es besser machen als der Markt. Schon der kurze Gedanke daran, wie lange die Entwicklung eines staatlichen Impfstoffs unter der Leitung des Bundesamts für Katastrophenschutz wohl gedauert hätte, sollte genügen. Man ahnt: Ungefähr so lange wie die Instandsetzung der »Gorch Fock« unter der Oberleitung von Ursula von der Leyen – fünfeinhalb Jahre.

Schöner Stoff für die »heute show«.

Die schlechte Nachricht betrifft die Vertrauenskrise, die nicht nur die Institutionen der repräsentativen Demokratie dauerhaft schwächen könnte. Es geht auch um das politische Spitzenpersonal. Es hat sich zwar als äußerst kreativ gezeigt, wenn es um die Erfindung bürokratietauglicher Neuschöpfungen wie den »kontaktarmen Urlaub«, vorösterlich »erweiterte Ruhezeiten«, inzidenzabhängige »Wellenbrecher-Lockdowns« und die legendäre »Bundesnotbremse« geht – doch das praktische Management der Krise zwischen Alarmismus und Abwarten, Wissenschaftsgläubigkeit und Kindergartenpädagogik ließ sehr zu wünschen übrig.

Erstaunlich schlecht war die politische Kommunikation. Zwar schienen manche Spitzenkräfte des politisch-epidemiologischen Betriebs schon ein Feldbett bei den Talkshow-Redaktionen reserviert zu haben – ihre Dauerpräsenz im Fernsehen war spektakulär. Doch eine wirklich durchdringende Ansprache ans Volk wurde, übrigens wie zu Zeiten der Flüchtlingskrise 2015, schmerzlich vermisst, jene staatsmännische, im konkreten Fall: staatsfrauliche Mischung aus einer drastischen Formulierung der Herausforderung und der überzeugenden Darlegung, warum dennoch Zuversicht angebracht ist. Man darf vermuten, dass diese zupackende, womöglich etwas pathetische Kommunikationsweise inzwischen als zu autoritär und vorgestrig gilt, irgendwie toxisch männlich, gar »nationalistisch«.

Schon der Begriff Führungsstärke ist verdächtig geworden, ebenso die Rede vom »Volk«, auch wenn das Wort im Sinne des französischen »le peuple« gebraucht wird. Doch wenn der Adressat keinen Namen, kein Gesicht und keine greifbare Kontur hat, fühlt er sich auch nicht angesprochen, nicht am »Portepee gepackt«, an der Ehre. Wöchentliche Podcasts aus dem Kanzleramt an die diverse Bevölkerung draußen im Lande und exklusive Sprechstunden von Dr. Merkel am gnädigen Hofe von Anne Will sind kein Ersatz – schon gar bei den begrenzten rhetorischen Mitteln der Kanzlerin, und so kam es, wie es kommen musste: Der Absturz der CDU, der letzten großen Volkspartei, hat wohl begonnen.

Nach sechzehn Jahren ununterbrochenen Regierens ist die Partei ausgelaugt und ideenlos. Und tief zerstritten, wie der erbitterte Machtkampf zwischen Armin Laschet und Markus Söder gezeigt hat. Es scheint so, dass der historische Niedergang der SPD, von dem sie jahrelang profitiert hat, nun auch die Partei Konrad Adenauers und Helmut Kohls mit nach unten reißt. Psychologisch gesprochen: Co-Abhängigkeit. Physikalisch: kommunizierende Röhren. Politisch: pure Ratlosigkeit. Die mehr oder weniger peinlichen Skandale von Bundestagsabgeordneten der Union, die dann doch eher an ihre eigenen finanziellen Interessen gedacht haben als ans Volk, haben das Übrige getan, um den Vertrauensverlust zu beschleunigen. So könnte am Ende eine List der Geschichte dafür sorgen, dass die scheidende Bundeskanzlerin der CDU zur Wegbereiterin der ersten grünen Bundeskanzlerin wird, was einer gewissen Logik nicht entbehren würde.

Teil der strategischen Misere der Christdemokraten ist die historisch einmalige »Parallelaktion«, etwa so wie in Robert Musils Roman »Mann ohne Eigenschaften«: eine lähmende Konkurrenz der Doppelherrschaft. Die Kanzlerin tritt nicht mehr zur Wahl an, bleibt aber mindestens bis zum Spätherbst 2021 im Amt. Sie nimmt nicht aktiv am Wahlkampf teil, ist aber politisch, »qua Amt« (Merkel), allgegenwärtig und dominiert die Fernsehnachrichten.

CDU-Chef und Kanzlerkandidat Laschet, dem nicht zu Unrecht jahrelange Merkel-Treue nachgesagt wird, kann sich dagegen nur schwer profilieren, schon gar nicht von ihr absetzen – so, wie es wahrscheinlich Friedrich Merz getan hätte. Versuchte er es doch, würde er die eigene Glaubwürdigkeit beschädigen – und die der CDU-geführten Bundesregierung gleich mit.

Verstärkt wird dieses Dilemma noch durch das fehlende Charisma. Am Ende ähnelt Armin Laschet doch eher einem rheinischen Sparkassendirektor, der es kurz vor dem Ruhestand noch einmal wissen will, als einem entschlossenen Reformer, der einen dicken Strich unter die Ära Merkel zieht und alles auf den Prüfstand stellt.

Dabei wäre neben dem finanziellen Kassensturz, der nach der exorbitanten Schuldenaufnahme der letzten beiden Jahre unweigerlich auf jede neue Bundesregierung zukommen wird, eine grundsätzliche politische Bestandsaufnahme dringend nötig. Vor allem eine Neuorientierung der CDU, besser noch: eine Neujustierung der politischen Mitte – eine möglichst genaue Formulierung dessen, was heute ein moderner, liberaler Konservativismus sein könnte – vom Klimaschutz über die Migrationspolitik bis zur Frage, wie in turbulenten Zeiten, in denen diktatorische Regime in aller Welt auf dem Vormarsch sind, die Freiheit unserer Gesellschaft bewahrt werden kann.

Doch es ist gut möglich, dass diese Anstrengung für die kommende Bundestagswahl schon zu spät käme. Falls nicht ein christdemokratisches Sommermärchen passiert, könnte zum Jahresende eine grün-gelb-rote oder gar grün-rot-rote Bundesregierung gebildet werden. CDU und CSU wären dann dazu verdammt, neben der AfD die parlamentarische Opposition zu verkörpern – eine sehr unerfreuliche Aussicht. Immerhin könnten sie dann in Ruhe an den Neuaufbau gehen. Das Beispiel der SPD macht allerdings wenig Mut. Dass Opposition »Mist« ist und kaum zur politischen Regeneration taugt, wusste schon der ehemalige SPD-Vorsitzende Franz Müntefering.

Tatsächlich zeichnet sich eine spannende Perspektive ab: Sollten die Grünen tatsächlich das Kanzleramt erobern, wäre das nicht nur eine einmalige historische Zäsur, sondern auch eine ultimative politische Herausforderung. Sie bestünde darin, eine handlungsfähige neue Mehrheit ohne die Union zu bilden. Sie müsste zugleich eine deutliche Mehrheit in der Gesellschaft repräsentieren – jenseits von Links- und Rechtsextremismus, aber auch ohne den Radikalismus spätsozialistischer Enteignungsfreunde und moralisierender »No-Borders«-Aktivisten.

Eine durchaus schmerzhafte Prozedur, denn Protest und Widerstand kämen gleich von zwei Seiten – von der wie immer neu positionierten liberal-konservativen Opposition und von jenen Grünen, die – wie etwa in Berlin – mit gewaltbereiten Linksextremisten paktieren und die Vergesellschaftung, de facto: die Verstaatlichung großer Teile der Wirtschaft befürworten.

Doch die ebenso verschlungenen wie zähen Sachzwänge der unkalkulierbaren Wirklichkeit könnten eine Lektion bereithalten, die schon die rot-grüne Regierung von Gerhard Schröder und Joschka Fischer zu spüren bekam. Bevor sie sich Ende 1998 auch nur einigermaßen etabliert hatte, musste sie sich der Frage einer deutschen Kriegsbeteiligung im Kosovo unter NATO-Flagge stellen. So befanden sich im Frühjahr 1999 zum ersten Mal nach 1945 deutsche Soldaten in einem militärischen Kampfeinsatz. Damit war der ur-grüne Pazifismus erledigt.

Vier Jahre später, unter dem Eindruck hoher Arbeitslosigkeit, vollzog sich das zweite Sakrileg an linken Idealen: die »Agenda 2010«, unter dem Kürzel »Hartz IV« legendär geworden. Ganz gleich, wie man die Wirkung dieser Reformen heute beurteilt – dass ein Sozialdemokrat zusammen mit den Grünen derartige Einschnitte ins Sozialsystem beschlossen hat, ist ein Hinweis auf die komplizierte Dialektik politischer Prozesse. Ein CDU-Kanzler wäre damit womöglich erst gar nicht durchgekommen.

Will sagen: Der unbarmherzige Druck der Realität wird auch bei einer grün geführten Bundesregierung Entscheidungen erzwingen, von denen die frohgemute Kanzlerkandidatin Annalena Baerbock jetzt noch nichts ahnt, schon gar nicht die »Grüne Jugend«. Erst dann wird man sehen, aus welchen widerstreitenden Kräften sich eine neue politische Mitte formen könnte. Es sei denn, es käme doch zu Schwarz-Grün. Dann wäre die Frage zumindest fürs Erste beantwortet. Es wäre ein historisches *Déjà-vu*, eine Wiederbegegnung der besonderen Art: Die Kinder der Protestgeneration aus den wilden Siebzigerjahren träfen auf die Erben von Helmut Kohl und Franz Josef Strauß.

Wenn das keine spannenden Zeiten verspricht.

Für alle aber, die sich jetzt erst einmal wieder ins echte Leben stürzen wollen, hat Wolf Biermann eine ebenso praktische wie poetische Idee:

»Und als wir ans Ufer kamen
Und saßen noch lange im Kahn
Da war es, dass wir den Himmel

Am schönsten im Wasser sahn
Und durch den Birnbaum flogen
Paar Fischlein. Das Flugzeug schwamm
Quer durch den See und zerschellte
Sachte am Weidenstamm
Am Weidenstamm.«